DU MÊME AUTEUR

Aux Éditions Gallimard

LES ANTIMODERNES, DE JOSEPH DE MAISTRE À ROLAND BARTHES,
« Bibliothèque des idées », 2005.

LE CAS BERNARD FAŸ : DU COLLÈGE DE FRANCE À L'INDIGNITÉ
NATIONALE, « La Suite des temps », 2009.

LA CLASSE DE RHÉTO, « Blanche », 2012, (« Folio », n° 5703).

LE COLLÈGE DE FRANCE. CINQ SIÈCLES DE LIBRE RECHERCHE.
Avec Pierre Corvol et John Scheid, « Hors série connaissance », 2015.

Chez d'autres éditeurs

LA SECONDE MAIN OU LE TRAVAIL DE LA CITATION, Seuil, 1979.

LE DEUIL ANTÉRIEUR, Seuil, 1979.

NOUS, MICHEL DE MONTAIGNE, Seuil, 1980.

LA TROISIÈME RÉPUBLIQUE DES LETTRES, Seuil, 1983.

FERRAGOSTO, Flammarion, 1985.

PROUST ENTRE DEUX SIÈCLES, Seuil, 1989.

LES CINQ PARADOXES DE LA MODERNITÉ, Seuil, 1990.

CHAT EN POCHE : MONTAIGNE ET L'ALLÉGORIE, Seuil, 1993.

CONNAISSEZ-VOUS BRUNETIÈRE ?, Seuil, 1997.

LE DÉMON DE LA THÉORIE, Seuil, 1998.

BAUDELAIRE DEVANT L'INNOMBRABLE, Presse de l'Université de Paris-
Sorbonne, 2003.

LA LITTÉRATURE, POUR QUOI FAIRE ?, Fayard, 2007.

UN ÉTÉ AVEC MONTAIGNE, Équateurs, 2013.

UNE QUESTION DE DISCIPLINE. ENTRETIENS AVEC JEAN-BAPTISTE
AMADIEU, Flammarion, 2013.

BAUDELAIRE, L'IRRÉDUCTIBLE, Flammarion, 2014.

UN ÉTÉ AVEC BAUDELAIRE, Équateurs, 2015.

L'ÂGE DES LETTRES

ANTOINE COMPAGNON

L'ÂGE
DES LETTRES

GALLIMARD

Roland Barthes avait imaginé d'appeler « Proust et moi » une conférence qu'il donna en 1978. Après réflexion, il l'intitula plutôt « Longtemps, je me suis couché de bonne heure », ce qui voulait dire à peu près la même chose. Non qu'il vît de la présomption dans la formule « Proust et moi ». Employée par lui, alléguait-il, et non par un témoin, elle ne contenait aucune idée de comparaison, mais révélait une identification. Loin de se hisser à la hauteur de Proust, il se contentait d'entrer humblement dans ses pas.

Si je le suis bien, il y aurait eu de l'infatuation de ma part à nommer « Roland et moi » les pages que l'on va lire, puisque j'ai été un témoin, que je l'ai vu vivre durant quelques années. Roland n'ayant pas côtoyé Proust, il était autorisé à dire « Proust et moi » sans outrecuidance, alors que je l'ai connu lui, Roland, et que je ne peux donc pas énoncer « Roland et moi » en toute innocence.

En vérité, il ne s'agit ni de se comparer ni de s'identifier à lui, mais, trente-cinq ans après sa mort, de revenir, comme je l'ai fait souvent dans ma tête, dans mes rêves, sur notre amitié, d'en parcourir à nouveau les étapes, de fouiller dans ma mémoire, de retrouver ce que je lui dois, de lui rendre grâce pour ce qu'il m'a donné.

On ne se lance pas dans ce genre d'enquête si l'on n'est pas contraint et forcé. On y résiste jusqu'au moment ou un événement vous l'impose. Ceci est le journal de ma recherche de Roland.

Depuis plusieurs mois, Éric me relance pour que je lui donne des lettres. J'oublie, je diffère, je traîne ; il me rappelle que je lui ai promis de chercher. Je fais l'autruche, comme aurait dit Roland. Une autruche : quand je pense à lui, ou rêve de lui, c'est parfois sous la forme de cet animal qu'il m'apparaît, parce qu'il y faisait souvent allusion pour symboliser son rapport à la vie, sa procrastination, ses atermoiements, ses peurs. Cela me rappelle cet ami, qui était aussi un ami de Roland (il s'appelait aussi Roland), un jour qu'il arriva très en retard à un rendez-vous que nous nous étions donné : « J'ai une structure du retard », me dit-il, comme s'il n'avait pas à s'excuser autrement et que ce diagnostic le dédouanait. On parlait ainsi en ce temps-là. « Faire l'autruche » : je me demande si je connaissais cette expression avant de l'entendre dans la bouche de Roland. Probablement, mais personne ne l'avait prononcée devant moi pour se qualifier lui-même.

Éric voudrait des lettres de Roland. En ai-je ? Je ne sais même plus si j'en ai possédé, si je les ai gardées.

Sans doute, car je me souviendrais de les avoir jetées, mais combien, je n'en ai pas la moindre idée, ni où elles pourraient bien avoir été rangées. Éric a le projet de publier un album de la correspondance de Roland pour le centenaire de sa naissance. Si je remettais la main sur des lettres, voudrais-je d'ailleurs les relire, me replonger dans leur passé ? Il le faudrait pour me faire une opinion sur leur qualité, sur leur intérêt. Mériteraient-elles d'être rendues publiques ? Où pourraient-elles bien avoir été fourrées, ces précieuses lettres auxquelles je n'avais pas repensé depuis des années et dont, spontanément, je ne me rappelle plus du tout ce qu'elles pouvaient raconter ?

Jadis, à l'époque où j'étais étudiant, puisqu'il s'agit de cet âge lointain, on écrivait encore des lettres, beaucoup de lettres, tous les jours, plusieurs par jour, à divers correspondants, comme des hommes et des femmes du XIXe siècle, et on conservait les lettres que l'on recevait ; elles s'empilaient dans un tiroir, puis, quand celui-ci débordait, se coinçait, on le vidait dans une boîte à chaussures que l'on stockait au-dessus de l'armoire. Celles de Roland, s'il y en a, doivent être avec les autres, classées dans l'ordre vaguement chronologique de leur arrivée. Quand je me suis installé dans l'appartement où je vis encore, on écrivait déjà moins de lettres, et j'ai dû entreposer quelque part mes boîtes à chaussures. Mais où ?

Comme je suis au lit, souffrant d'une insomnie après la finale de la Coupe du monde de football et un joli but à la fin de la prolongation, but allemand que j'ai apprécié bien que je fusse pour l'Argentine, comme il est trois heures du matin et que je doute de me rendormir avant cinq heures, j'ai tout loisir de me creuser la tête. Lorsque j'ai déménagé, une chambre de bonne au sixième venait avec l'appartement : c'est sûrement là que j'ai monté ces boîtes de lettres dont je n'avais pas de besoin urgent, avec les livres sur le marxisme et la psychanalyse, également peu utiles, et la machine à écrire que Roland m'avait offerte quand je me suis mis à la dactylographie de ma thèse. Plus tard, lorsque les chambres de bonnes ont été réunies en un logement et que j'ai dû rendre la mienne, je me suis débarrassé des livres, définitivement obsolètes, ainsi que de l'Olivetti, que j'ai descendue dans la rue (je le regrette encore), mais probablement pas des lettres, car il aurait fallu les brûler. Elles se trouvent donc chez moi, quelque part dans l'appartement.

Du temps où je disposais de cette chambre de bonne, elle fut un jour cambriolée ; des vêtements, des objets disparurent, mais ni les œuvres de Marx aux Éditions sociales, ornées d'une bande orange de haut en bas de la couverture, ni la grosse Olivetti, ni les lettres. Ces lettres de Roland, si elles existent, si elles ne m'ont pas été volées, que valent-elles, je veux dire, que vaudraient-elles sur le marché ? Il y a quelques mois, j'ai vu pour la première fois passer des lettres de Roland dans un catalogue de vente. C'était chez Christie's ou chez Sotheby's, je ne sais plus, auprès de magnifiques livres et manuscrits, de lettres de Proust à Lucien Daudet et à Reynaldo Hahn destinées à atteindre des prix exorbitants, de dédicaces de Baudelaire à Manet et à Delacroix, d'un rare *Saison en enfer* ou d'*Un coup de dés*, etc. Au milieu, donc, un lot de lettres et de cartes postales de Roland à un étudiant. L'estimation était peu élevée, même très faible comparée aux autres correspondances de contemporains figurant au catalogue, comme Camus – Albert, non Renaud – ou René Char. Je n'ai pas vérifié par la suite si le lot s'était vendu, mais la cote de Roland pourrait encore grimper dans les ventes publiques. Si j'ai des lettres, il vaudrait mieux parier en ce sens et attendre que les prix montent, mais, si c'est pour spéculer, il serait plus judicieux de ne rien confier à Éric afin que mes lettres restent inédites jusqu'à leur mise sur le marché.

La hausse du Roland reste toutefois très hypothétique. Beaucoup d'anciens jeunes gens détiennent sûrement un lot de lettres de lui dans leur placard et ils inonderont un jour les salles de vente, risquant de faire chuter les prix. Inutile de faire des plans sur la comète et autant donner ces lettres à la Bibliothèque nationale, dont une conservatrice, j'y repense, m'a un jour demandé si je ne possédais pas de documents relatifs à Roland et si je ne serais pas disposé à les leur remettre. C'était au moment où le fonds des manuscrits de Roland est entré rue de Richelieu. J'avais servi de truchement, ce qui expliquait la question de la conservatrice, mais je n'ai pas donné suite à sa proposition que j'ai vite oubliée : j'ai fait l'autruche moi aussi. Si je me résous à rechercher des lettres, ce sera l'occasion de les déposer à la Bibliothèque.

Subitement me vient une idée. Lorsque j'ai rendu ma chambre de bonne et dû descendre mes affaires du sixième, je me vois mettre les boîtes à chaussures dans le petit placard d'angle qui se trouve juste à gauche de la porte d'entrée. Ce placard sert à cacher le compteur du gaz, mais il est assez vaste pour contenir du bric-à-brac. Il est maintenant quatre heures et je ne me rendormirai plus. Je me décide à me lever pour examiner le placard de l'entrée. Le compteur du gaz n'a pas bougé. C'est la gardienne de l'immeuble qui ouvre la porte à l'employé du Gaz de France, maintenant de Suez (demain Engie), qui vient périodiquement le relever. Le compteur a l'air neuf ; je ne me rappelais pas qu'il avait été récemment changé. Et les boîtes à chaussures sont bien là, plus poussiéreuses ; elles reposent dans ce petit placard depuis près de vingt ans, auprès du compteur qui veille sur elles. Quatre grandes boîtes aux lettres.

Le moment est-il venu de les ouvrir ? Cela m'ennuie. J'ai peu de désir de me replonger dans ce temps-là, mais je m'y mets tout de même, extrais les boîtes du placard et les transporte à l'autre bout de l'appartement, les dépose sur la table de la cuisine, seule surface libre, non envahie de paperasses comme mon bureau. La première boîte, celle qui était en haut de la pile, est la plus récente, et Roland était déjà mort ; elle n'est pas pleine d'ailleurs, car on écrivait moins déjà. La deuxième boîte, elle, est plus ancienne ; elle précède mon arrivée à Paris et contient mes années de pension. La troisième est la bonne, remplie à craquer : je dois retirer un bon paquet de lettres afin de pouvoir faire glisser les doigts, l'index et le majeur, sur la tranche des enveloppes pour apercevoir la date des cachets postaux. Je reconnais les écritures, du moins presque toutes, car ce sont les mêmes correspondants réguliers qui viennent et reviennent, des écritures qui sont comme autant d'émotions.

Il y a celle d'Alain, mon professeur, avec lequel je ne me rendais pas compte que j'avais échangé une correspondance aussi copieuse, au moins hebdomadaire, durant ces années-là. Maintenant nous communiquons par Skype ; nous nous voyons quand nous bavardons, mais il ne restera rien de nos entretiens, sinon enfoui dans quelque ferme de serveurs dans le Nevada. Je reconnais aussi l'écriture de Juliette, que j'aimais. Nous nous voyions irrégulièrement et nous nous écrivions beaucoup. Comme dans le cas d'Alain, je ne sais plus ce qu'il y a dans ces lettres. Il faudrait les relire, mais je n'y suis pas prêt, car Juliette s'est donné la mort un peu plus tard, et je sais qu'à partir du milieu de cette boîte il n'y aura plus de lettres d'elle. Il y a aussi beaucoup de lettres d'André, cher ami que je voyais beaucoup quand il était à Paris, mais qui rentrait souvent en famille, et alors nous nous écrivions. Je vois encore passer l'écriture ronde et les enveloppes par avion de Patrizia, partie pour les Amériques. Il y a aussi quelques graphies moins familières, qui ne me disent plus rien.

Toutes ces correspondances, nombreuses, plus abondantes que je l'imaginais, je ne souhaite pas les consulter. Et les pneumatiques, car c'était ainsi que l'on communiquait encore à Paris en ces temps où, avant la présidence de Valéry Giscard d'Estaing, l'attente pour obtenir une ligne téléphonique était de plusieurs années dans certains arrondissements dont les centraux étaient saturés. Nous avons connu l'âge des petits bleus.

Tandis que je remue les doigts dans cette masse d'enveloppes, l'écriture de Roland apparaît périodiquement, tellement reconnaissable, au stylo et à l'encre bleue, soignée, liée, lisible, cette souple graphie de gaucher contrarié. Je retire une lettre de son enveloppe pour la lire, avec un léger sentiment de profanation, comme si je m'introduisais dans une correspondance qui ne m'était pas destinée. Qu'ai-je à voir avec celui qui l'a reçue il y a près d'un demi-siècle ? Ces lettres, Roland me les a pourtant adressées, mais c'était il y a si longtemps, et Roland est mort depuis tant d'années, que ces lettres me semblent avoir été envoyées à un autre. Peut-être aurais-je mieux fait de les déchirer au fur et à mesure que je les recevais, ou de les détruire après sa mort. Mais elles étaient mêlées à toutes ces autres lettres qui composent le fil d'une vie et il aurait fallu les extraire afin de s'en débarrasser.

Maintenant, je me retrouve devant cette boîte à chaussures et je reste perplexe ; je repasse les doigts sur le haut des enveloppes en me demandant ce qu'il convient de faire. Sortir de la boîte les lettres de Roland, leur donner un sort différent de celui des autres lettres, c'est un geste dont je ne suis pas encore capable, que je ressens comme un peu sacrilège, et je range la boîte dans le placard du compteur à gaz, au-dessus des autres. Je me recouche un moment. Au petit matin, je me rendors plus facilement. C'est le cas. Je rêve que j'attends un taxi à la sortie d'un théâtre ou d'un restaurant ; je suis le premier dans la queue, mais le taxi ne vient jamais ; enfin un taxi approche, mais il s'arrête avant d'arriver à la station ; les gens se précipitent et mon droit de priorité est bafoué.

Au réveil, après un café, je me décide cette fois à prélever les lettres de Roland dans la boîte et à les rassembler. Cela fait une liasse que je pose sur mon bureau et que je classe dans l'ordre des cachets postaux. Les timbres sont aussi un bon indice : 50 centimes sur la première lettre de Roland, 1 franc et 30 centimes pour la dernière, fidèle témoignage de l'inflation sous le septennat de V.G.E.

Déjeuner avec Éric. Nous reparlons des lettres de Roland. Je les ai lues depuis notre dernière conversation et j'hésite encore à les lui confier. Il me dit que François, Jean-Louis, qui en ont sûrement reçu beaucoup plus que moi, qui ont connu Roland bien plus longtemps que moi, ne les ont pas conservées. Cela m'étonne. S'en sont-ils défaits au fur et à mesure qu'elles leur arrivaient ? Ou bien s'en sont-ils débarrassés plus tard ? Et d'un seul coup ou peu à peu, quand elles leur tombaient sous la main ? À moins que je ne me trompe, détruire une correspondance demande une décision, tandis que l'empiler répond à un réflexe machinal, irréfléchi. J'ai entreposé les lettres de Roland avec toutes les lettres de l'époque, époque où des lettres arrivaient au courrier deux fois par jour et des petits bleus à toute heure.

Ces lettres, je les possède donc encore, contrairement à certains de mes contemporains qui n'ont pas jugé opportun de les garder, ou plutôt qui ont jugé expédient de les faire disparaître. Et je suis maintenant face à une alternative qui leur est épargnée. Ils vivent en paix, tandis que je me demande si le moment est venu de publier mes lettres de Roland ou s'il n'est pas trop tôt. Elles ont une bonne quarantaine d'années. Presque deux générations nous séparent de ce temps-là. Les gens qui s'intéressent à Roland aujourd'hui, ou qui romancent sa vie, n'étaient pas nés.

Dans sa première lettre, Roland m'appelle fort civilement « Monsieur ». C'était au printemps, juste après les élections présidentielles (il était en Chine lors du premier tour, avec ses amis de *Tel Quel*). Je lui avais écrit à l'École pratique des Hautes Études pour le prier de m'accepter dans son séminaire et en lui soumettant un projet de recherche. C'était une demande que j'avais mis longtemps à mûrir. Élève à l'École polytechnique puis à l'École des Ponts et Chaussées, je ne m'étais pas senti assez préparé ; j'avais maintenant achevé une licence et une maîtrise de lettres ; je m'étais mis aussi à écrire des sortes de nouvelles et, au cours de l'hiver, j'avais même achevé le manuscrit d'une espèce de roman. Subrepticement, je basculais. Et j'osai postuler au séminaire. Roland ne me répondait ni oui ni non, mais il me faisait savoir qu'il recevrait les candidats à l'automne et il indiquait son numéro de téléphone pour prendre rendez-vous à la rentrée. J'avais donc franchi une première sélection ; je n'avais pas été écarté d'emblée. Comment avais-je défendu mon cas ?

À la rentrée, j'appelai Roland. Encore élève aux Ponts et Chaussées, rue des Saints-Pères (dans ce vieil hôtel de Fleury razzié par Sciences-Po des années plus tard, comme tout l'immobilier du quartier déserté par les établissements condamnés à la décentralisation), je suivais des cours de résistance des matériaux, de droit administratif, et je faisais des programmes informatiques pour me distraire. Je ne me rappelle pas ce coup de téléphone, qui fut sûrement bref et fonctionnel, mais bien le rendez-vous qui suivit, dans les combles du bel hôtel particulier que la Sixième Section de l'École pratique occupait rue de Tournon. Roland y partageait un petit bureau sous les toits. Ce jour-là, l'entretien se déroula au mieux, puisque je fus admis au séminaire, mais je n'étais pas dans mon assiette. J'avais un rendez-vous téléphonique important qui m'attendait aussitôt après. Lorsque Roland me libéra, je me précipitai vers une cabine. Il devait y en avoir une en haut de la rue de Tournon, devant le café, proche du Sénat, où nous venions jouer aux échecs quand j'étais à Polytechnique. Sur la façade, une plaque rappelle que Joseph Roth y résida à la fin de sa vie, après que fut détruit l'hôtel et restaurant Foyot, sur le trottoir d'en face, où Laurent Tailhade avait perdu un œil dans un attentat anarchiste.

Je devais appeler Jean Cayrol à propos du manuscrit (il traîne sans doute encore lui aussi quelque part) que j'avais envoyé au Seuil avant l'été. Cayrol fut gentil, bienveillant, et me prodigua des encouragements. La conversation se prolongea plus que la visite à Roland, et malcommodément de mon côté, debout dans ma cabine. Cet inconfort figurait bien l'alternative devant laquelle je me trouvais, ou plus exactement l'alternative dans l'alternative, c'est-à-dire ma perplexité ou même ma perdition. La première alternative, c'était celle des sciences et des lettres, et je ne savais plus où donner de la tête ; la seconde, celle de la création et du commentaire, ou du langage et du métalangage, comme, disciples de Roland, nous aurions dit avec affectation. Cayrol m'incitait à explorer la voie du roman ; avec Roland, je me tournais vers la critique. C'était même un peu plus compliqué, puisque Roland entendait faire de la critique un roman, ou une écriture, une littérature à part entière, mais cela, je ne l'avais pas encore compris.

Bien entendu, je ne racontai pas à Roland que j'avais hâte de le quitter afin d'appeler Cayrol, ni à Cayrol que je sortais du bureau de Roland. Je connaissais l'article de Roland recueilli à la suite du roman moderniste ou même avant-gardiste de Cayrol, *Les Corps étrangers*, long monologue d'un ancien collaborateur devenu assassin qui se confond un peu dans ma mémoire avec *Le Bavard* de Louis-René des Forêts, parce que je les ai lus tous deux dans l'ambitieuse collection « 10/18 » des années 1960, mais je n'avais pas la moindre idée de leur ancienne intimité et je concevais comme malaisément conciliables les tentations littéraires divergentes qu'ils représentaient à mes yeux.

Après le déjeuner avec Éric, j'ai justement donné rendez-vous à une collègue qui prépare une biographie de Roland. Elle a souhaité me voir et je la garde une bonne heure dans mon bureau, répondant plus ou moins franchement à ses questions. Tout à coup, j'arrête de parler, parce que j'aperçois, posé juste devant elle, le petit paquet des lettres de Roland que j'ai retenues pour les montrer à Éric avant de sortir (elles relatent la rédaction de son manuscrit sur les figures du discours amoureux). Comme cette collègue m'attendait en bas à mon retour, nous sommes montés ensemble et je n'ai pas eu le temps de ranger les lettres avant de la faire asseoir. D'ailleurs je n'y songeais plus. Maintenant, cette liasse sous ses yeux, qu'elle ne voit pas, me rappelle *La Lettre volée* d'Edgar Poe. Au-dessus de la pile, la première enveloppe, avec sa Marianne à 80 centimes, exhibe l'écriture très reconnaissable de Roland. Durant la suite de notre entretien, je ne cesse pas de me demander si elle remarquera les lettres et m'interrogera à leur sujet. Peut-être les voit-elle, mais elle se tait.

Ses questions portent sur le séminaire, le colloque de Cerisy-la-Salle que Roland m'avait chargé de diriger, les générations successives des amis de Roland, son arrivée au Collège de France. Je lui réponds sans jamais aller au fond de ma pensée, non que je ne le veuille pas, mais parce que cela exigerait beaucoup plus de temps et une complicité plus ancienne entre nous. Je me dis aussi que, si nous ouvrions ensemble ces lettres que je n'ai pas encore relues soigneusement, nous y trouverions peut-être des réponses plus circonstanciées, moins déformées par les habitudes de pensée et par les souvenirs romancés. Je reste indécis, je me demande jusqu'à quel point je dois l'aider. Elle ne semble pas être encore très avancée dans ses recherches, du moins sur cette dernière période de la vie de Roland. Si elle revient plus tard, après une recherche plus approfondie, je serai certainement plus disposé à lui livrer des détails, mais, pour le moment, je suis sur la réserve. Je ne lui mens pas, je ne lui raconte pas d'histoires, je n'invente rien, mais je ne dis pas tout. Pour tout dire, du moins tout le dicible, il faudrait prendre le temps de débroussailler la mémoire superficielle afin de creuser l'humus de l'oubli (c'est un peu ce que j'entreprends ici). Ai-je quoi que ce soit d'intéressant à raconter, quelque chose d'indispensable, que je serais seul en mesure de transmettre ? Pourquoi ajouter un témoignage à ceux qui sont déjà connus, et aussi peu fiable que les autres ?

Pour finir, elle me demande si je pense que Roland est un écrivain. Elle pose sa question au présent, mais je ne sais pas si celle-ci porte sur ce que je pense aujourd'hui ou sur ce que je pensais à l'époque. Aujourd'hui, si l'on qualifie volontiers d'écrivains nos maîtres à penser des années 1970, c'est par facilité, pour n'avoir pas à faire le bilan de leurs idées, par exemple de leur apologie de la révolution culturelle en Chine ou de la révolution islamique en Iran ; nous classons nos anciens maîtres à penser dans la littérature pour éviter de devoir juger leurs prononcements les plus immodérés, comme si un poète était moins responsable qu'un professeur. Il est vrai que Roland s'est comporté de plus en plus comme un écrivain dans ses dernières années, rêvant d'écrire autre chose que des essais et consacrant son cours à la préparation de ce qu'il appelait un roman. Un peu plus tôt, lorsque j'ai souhaité m'inscrire à son séminaire, ce ne fut pourtant pas, je crois, comme à un écrivain que je me suis adressé à lui. C'était l'intellectuel qui me séduisait, l'auteur de nombreux essais stimulants sur la littérature et sur la culture. En ce temps-là, je ne voyais pas en lui l'écrivain mais l'essayiste, le théoricien. Du côté des écrivains, je plaçais Cayrol, encore que je ne sois pas certain de lui avoir envoyé mon manuscrit en personne ; il se peut que je l'aie simplement déposé au Seuil. Si Roland ne m'attirait pas à l'époque comme écrivain, ce n'était pas non plus comme professeur ; plutôt comme maître, non pas maître à penser mais quelque chose comme maître d'atelier, maître ouvrier, maître artisan ou maître compagnon : auprès de lui, j'ai été un apprenti, j'ai fait mon apprentissage sur le tas. Qu'ai-je appris ? La discipline, le métier, le tour de main.

Ma première rencontre avec Roland : j'étais sur ma Mobylette boulevard Saint-Germain et je tournais à droite vers la rue de Rennes, entre le drugstore Publicis, qui n'existe plus et a été remplacé par le couturier Armani (le Royal Saint-Germain occupait les lieux autrefois), et le disquaire Vidal, qui n'existe plus et a été remplacé par le bijoutier Cartier. Roland traversait la rue de Rennes depuis le drugstore vers le disquaire. Le feu ne lui était pas favorable. Je dus freiner sec pour l'éviter. Reconnaissant ce piéton désobéissant, je me retins de l'enguirlander. C'était un soir vers vingt heures. Plus tard, je devins familier de ses habitudes. Il descendait de chez lui en fin d'après-midi ou en début de soirée, allait d'un rendez-vous à l'autre dans les cafés du quartier, avant un dernier rendez-vous pour dîner.

Depuis plusieurs années, je désirais m'asseoir à son séminaire. Encore élève sur la montagne Sainte-Geneviève, j'étais passé au siège de l'École pratique, rue de Varenne (quelques maisons plus loin que Georges et Rosy, où nous apprenions à danser la valse et le tango), afin de retirer un dossier d'inscription, mais, après avoir hésité, j'avais renoncé à le déposer. Une rubrique m'avait dissuadé, intitulée « Publications ». Je n'en avais pas à faire valoir ; j'imaginais donc que je ne serais pas admis ; je me trompais sur la règle du jeu, mais ce fut peut-être aussi bien. À la place, j'avais continué de lire et j'étais descendu étudier les lettres à Jussieu. Je me sentais à présent digne de prétendre à une chaise au séminaire. Avec mon ami Michel, je venais de terminer un article que la revue *Critique* avait accepté. Trois années avaient passé, je m'étais un peu dégrossi, je n'étais plus aussi influençable, plus disposé à ânonner.

Si je remonte encore en arrière, pourquoi avais-je souhaité assister au séminaire de Roland ? Comment avais-je entendu parler de lui ? Aux concours scientifiques, il existait à l'époque et, je pense, encore aujourd'hui, une épreuve, aussi délicate qu'une démonstration de mathématiques, dite de synthèse. Elle consistait à réduire un texte d'idées en un nombre défini de mots, dans une proportion donnée que je ne me rappelle plus. Je me revois comptant le nombre de mots que contenaient mes lignes en moyenne et le nombre de lignes de mes copies. En général, j'excellais dans cet exercice qui exigeait du discernement et de la rigueur, de la finesse et de la géométrie, et il m'arrive de penser qu'aucun n'a été plus utile à ma formation. Les considérations de Valéry sur l'histoire, la civilisation, les musées, les propos de Raymond Aron sur la société ou de Jacques Ellul sur la technique, tous textes un peu amples, oratoires et redondants, se prêtaient admirablement à notre entraînement, mais notre professeur (Alain, mon ami plus tard et encore aujourd'hui) nous donna un jour, imprudemment (il était encore jeune, surestimait ses élèves), quelques pages, sur la musique de Beethoven, me semble-t-il, d'un nouvel écrivain dont le nom ne me disait rien. Les paragraphes de ce nouvel écrivain s'avérèrent quasi impossibles à condenser, ses phrases étant pour ainsi dire irréductibles. Non que leur langue ou leur style fût impénétrable, du moins cela ne me paraissait pas le problème, mais ils fuyaient comme du sable ou de l'eau qui glisse entre les doigts sans que la main retienne rien. Les mots me séduisaient, je croyais les comprendre, mais j'étais incapable de rassembler la pensée de l'auteur en moins de phrases que le texte n'en avait, de la diviser par trois ou par cinq, ou alors il n'en serait rien resté. J'aurais plutôt été tenté d'articuler, de développer, mais ce n'était ni le genre de ce texte ni apparemment l'intention de son auteur, ni non plus l'esprit de l'exercice, si bien que je me retrouvais, si l'on veut, comme une poule qui a trouvé un couteau, perplexe et tout près de renoncer. Je remis tout de même un devoir, auquel mon professeur ne donna point une mauvaise note, mais je savais en moi-même que j'avais échoué devant une sorte d'écriture dont je n'étais point du tout familier.

Peu après, je tombai dans un hebdomadaire sur un entretien avec cet auteur qui m'avait donné tant de fil à retordre. L'article, que je découpai, faisait son portrait avant de lui donner la parole, et il s'exprimait nettement, d'une manière beaucoup plus accessible que dans le texte que nous avions eu à résumer. Plusieurs livres de ce nouvel écrivain (de Roland, puisque c'était lui) avaient été ou furent bientôt publiés au format de poche, car c'était juste le moment où sa notoriété s'installait, débordait le cadre de sa spécialité et rencontrait un public plus large. Je les achetai, en l'occurrence *Mythologies*, qui exhibait sur la couverture le museau d'une de ces DS 19 dont j'avais possédé le modèle réduit Dinky Toys (ma voiture était verte), et *Le Degré zéro de l'écriture*, suivi, vérification faite, des *Éléments de sémiologie*. J'étais en classe préparatoire, en Maths sup ou en Maths spé, et je me divertissais. Ces lectures me changeaient les idées, mais celles-ci restaient assez confuses. Je me rappelle tout de même avoir été conquis par la notion de métalangage, de discours sur le discours, encore que les divers schémas d'emboîtement reproduits dans le livre ne fussent pas parfaitement cohérents. Par ailleurs, je lisais *À la recherche du temps perdu*, d'un bout à l'autre, goulûment, et Proust m'accoutumait à un usage subtil de la langue. La syntaxe de Roland, pour être peu adaptée à la pédagogie de la synthèse de texte, ne présentait pas les mêmes obstacles (bien plus tard, j'aurais à résumer Proust à la fin des volumes de la Pléiade, et j'y parviendrais, en tout cas grossièrement). La difficulté venait plutôt de ses ruptures, de ses hiatus, de la prolifération de ses deux-points et de ses tirets qui juxtaposaient plus qu'ils n'articulaient des propositions dont la corrélation restait de ce fait labile. Cette disposition troublait carrément l'ingénieur que je me destinais à devenir, mais elle le charmait aussi.

Ainsi, parallèlement, je découvris Proust et Barthes, Roland et Marcel, qui s'allièrent pour me débaucher. Ce fut seulement dans ses dernières années que Roland s'identifia à Proust, ou, plus exactement, compara sa tentation d'écrire un roman à l'expérience du narrateur de la *Recherche du temps perdu* et à la vie même de Proust, mais dans mon esprit le rapprochement avait eu lieu d'emblée grâce à la coïncidence des lectures. Le jour où je fus reçu à l'X, descendant de la montagne Sainte-Geneviève par la rue des Écoles et le boulevard Saint-Michel, je fis halte à La Joie de lire, rue Saint-Séverin, où je m'offris *S/Z*, récemment paru, le premier livre de Roland dont je possédai l'édition originale et non une réimpression. Je prends le volume sur le rayonnage où s'alignent les livres de Roland et je le feuillette. Le ticket de caisse est resté coincé entre les pages : 21 francs le 22 juillet 1970 (surlendemain de mes vingt ans).

Ce bout de papier est une madeleine. Je revois la librairie Maspero, qui n'occupait encore que le côté nord de la rue. J'y passai de nombreuses soirées durant ces années-là, descendant de la rue Descartes après dîner. Le fonds de ma bibliothèque vient de La Joie de lire, un fonds des plus symptomatique, caricatural même : Lévi-Strauss, Lacan, Althusser, Foucault, Deleuze, Derrida, Blanchot et j'en passe. Marx, Freud et Nietzsche bien sûr. Plus Artaud et Bataille, Leiris et Duras, Char et Michaux, Ponge et Proust. Plus tard, la librairie a fermé parce qu'on y volait trop. Ce n'était pas moi ; j'avais été un client exemplaire.

Dans *S/Z*, je trouve aussi un ticket d'entrée de 25 pesetas pour la Dives Toledana, la cathédrale de Tolède, que je visitai au cours de l'été, et la bande de couleur verte, portant simplement le nom de l'auteur, qui entourait le volume. Le découpage linéaire, la distribution des unités textuelles entre les cinq codes de lecture, tout cela ne pouvait que captiver le jeune scientifique que j'étais (mettant trente ans plus tard *S/Z* au programme de mes étudiants américains, à leur demande, je fus moins convaincu).

Quand j'arrivai à Paris et que je fréquentai la faculté des lettres (on parlait alors d'UFR), Roland était à la mode. À Jussieu, où j'entamai une licence, on le lisait assidûment. Je découvris une bonne partie de son œuvre. Celle-ci en était à *Sade, Fourier, Loyola*, recueil dont l'introduction semblait annoncer une inflexion vers une écriture plus libre et personnelle, débarrassée du lourd appareil méthodologique de la période précédente (j'avais sué sur l'« Analyse structurale du récit », catéchisme de la nouvelle science des textes). Le professeur dont j'étais le plus proche, qui m'initia aux *Essais* de Montaigne et qui dirigea ma maîtrise,

Jean-Yves Pouilloux, invita Roland à donner un séminaire sur *Bouvard et Pécuchet*. J'y assistai, frappé par l'éloquence très particulière du conférencier. Nombreux sont les témoins qui ont parlé de sa voix légèrement nasale. Son nez n'était pas tout à fait droit, mais partait un peu vers la gauche. L'avait-il cassé dans son enfance ? Je ne le vois pas trop se bagarrant avec ses camarades dans la cour de récréation, mais qui sait ? Comme il réprouvait le genre de la conférence, lequel l'ennuyait, il parlait sur le ton de la conversation, sans disserter, sans embellir. Égrenant des fragments, il donnait le sentiment, parfaitement trompeur, qu'il improvisait. Je ne me rappelle plus son propos mais bien sa manière. Ce jour-là, j'écoutai sagement au fond de la salle, ne posai pas de question. (Un peu plus tard, par une ironie de l'histoire, le père de Jean-Yves, l'helléniste Jean Pouilloux, fut le concurrent de Roland au Collège de France, et Roland l'emporta d'une seule petite voix ; jamais je n'ai interrogé Jean-Yves, élevé dans la même morale calviniste que Roland, sur ce que dut être son déchirement.)

J'oubliais une autre rencontre : j'avais déjà entendu Roland, ainsi que Gilles Deleuze et quelques autres sommités intellectuelles parisiennes, dans la salle Dussane de l'École normale supérieure. On les avait réunis pour célébrer le centenaire de la naissance de Proust et ils avaient pris la parole tour à tour. J'étais venu un peu tard de la rue Descartes. Comme la salle débordait, je n'avais plus trouvé de place assise et j'étais resté debout dans le fond, buvant leurs paroles. C'était la première manifestation de cette sorte à laquelle j'assistais. Par la suite, il m'est souvent arrivé de rencontrer d'autres personnes qui s'étaient pressées rue d'Ulm ce jour-là, comme Shigehiko Hasumi, immense et joyeux samouraï qui présida l'université de Tokyo après avoir traduit Roland, ainsi que Deleuze et Derrida, et écrit d'importants ouvrages sur le cinéma d'Ozu et de Jean Renoir. Un jour où, dans son bureau de Tokyo que nous avions atteint par un ascenseur où les employés qui le croisaient se pliaient en deux devant lui presque jusqu'à toucher terre, nous évoquions notre jeunesse, nous convînmes que nous avions tous les deux assisté à cet événement mémorable et nous nous congratulâmes.

Ayant différé longtemps de me porter candidat au séminaire de Roland, j'avais pris de la bouteille, du moins un peu. En tout cas, je n'étais plus prêt à m'en laisser conter.

L'année du séminaire fut merveilleuse. De fait, il y en avait deux, le grand et le petit. Le grand, dit aussi élargi, se tenait dans une belle salle au fond de la cour de la rue de Tournon, à l'étage, sous une verrière, autour d'une longue table. Roland, devant une quarantaine d'auditeurs, peut-être une cinquantaine, exposait cette année-là les figures du discours amoureux, matière du livre qu'il devait publier deux ans plus tard. Cela n'avait de séminaire que le nom, car il parlait seul, sans la moindre interruption, question ou remarque des auditeurs, qui l'écoutaient dans un silence religieux. Au bout d'une heure, il refermait son dossier et nous nous dispersions sans commentaire. Dans le petit séminaire, dit aussi restreint, nous n'étions pas plus, il me semble, d'une douzaine, dont plusieurs condisciples auxquels je reste très lié après quarante ans, et nous intervenions, nous parlions. Le courant circulait entre nous et nous nous fréquentions par ailleurs.

Roland avait composé un curieux assemblage, car pas un seul d'entre nous n'était un étudiant ordinaire, en tout cas un étudiant français classique. Les mieux formés étaient sûrement André, Patrizia et Contardo, qui avaient fait de solides études de lettres, mais à Bruxelles, Venise et Genève, non à Paris ou dans quelque faculté de la province, et qui entamaient une thèse. Tous les autres, l'Américain, ancien de la marine marchande qui revivait le rêve d'Hemingway dans les Années folles et qui servait la nuit dans un bar de Montparnasse, le Mexicain silencieux au visage poupin, le Brésilien, avaient des profils plus interlopes, comme les deux frères Bogdanov, que Roland avait sélectionnés parce que cela l'amusait d'avoir des jumeaux russes dans son arche. Il y avait encore un jeune génie qui devait faire carrière dans la radio culturelle. Moi, j'étais ingénieur-élève. Quand un de mes amis philosophes de la rue d'Ulm avait appris à André, qui y était élève étranger, que nous nous rencontrerions au séminaire de Roland, André lui aurait répondu : « Pourquoi pas un pharmacien ? » Par la suite, je ne lui ai jamais rien vu ni entendu contre la corporation des pharmaciens. « Il y a la mauvaise littérature comme il y a la mauvaise pharmacie », décrète M. Homais. Était-ce la phrase qui avait inspiré André ? Nul ne savait en vérité ce qu'il ou elle faisait là, par quel caprice Roland l'avait admis. Quand nous nous retrouvions après le séminaire dans un café de la place Saint-Sulpice, café qui n'existe plus, au coin de la rue de Vaugirard et de la rue Bonaparte, et qui, comme tant d'autres, a cédé les lieux à une boutique de fringues (The Kooples dans son dernier avatar), nous nous interrogions sur nos titres respectifs à fréquenter le séminaire ; nous concluions que nous n'en avions aucun, mais que cela n'avait pas la moindre importance.

L'an dernier, un jour que je revenais d'une conférence à Bruxelles par le Thalys, je me retrouvai assis dans le wagon non loin de l'un des frères Bogdanov, Igor ou Grichka, je ne sais. Il ne me reconnut pas tandis que je l'observais en douce (eux-mêmes sont très reconnaissables, sinon dissociables). Il était assis auprès d'une belle jeune femme qu'il avait entrepris de séduire ; il parlait fort, faisait des grands gestes théâtraux, par exemple quand le contrôleur vint vers lui : il se leva, déploya un vaste manteau déposé dans les filets, ou sur la tablette transparente qui en tient lieu aujourd'hui, fouilla toutes les poches en faisant languir le préposé, tout cela sans cesser de discourir avec sa voisine. Du personnage émanait une sorte d'autorité, de bluff qui empêcha le contrôleur de protester et de réclamer plus d'égards, ne fût-ce qu'un mot qui enregistrât son existence.

Je m'en voulus aussitôt de ne m'être pas présenté, mais, peu auparavant, j'avais reçu un message comminatoire d'un mathématicien sur ma présence auprès des Bogdanov dans un recueil d'entretiens sur Roland. Mon correspondant me reprochait de donner ainsi ma caution scientifique aux travaux des frères. En vérité, par négligence, paresse ou indifférence, je n'avais pas noté la participation des deux vulgarisateurs controversés à la série des émissions de radio qui était à l'origine du livre, et je n'avais pas davantage prêté attention à la table des matières de l'ouvrage lorsqu'il m'était parvenu. Avais-je été coupable ? Aurais-je dû m'abstenir en raison des disputes sur la validité des travaux des frères Bogdanov en physique théorique ? Igor et Grichka ont tout autant que moi le droit de parler de Roland.

D'autres parmi ses anciens proches ont tourné plus ou moins bien (ou plus ou moins mal), sans que je me sente toujours de leur jeter la pierre. Il y a quelques années, après y avoir bien réfléchi, je me suis décidé à inviter Renaud Camus à mon séminaire du Collège. Je l'avais connu dans l'entourage de Roland à une époque où il publiait des romans avant-gardistes, plusieurs décennies avant qu'il se fît connaître par des propos qualifiés d'antisémites dans son *Journal*. Les polémiques s'étaient cependant calmées et, s'il n'était pas revenu en grâce, il méritait du moins une seconde chance. Or la contribution de ce diariste maniaque s'imposait dans un séminaire intitulé « Écrire la vie », expression que je croyais emprunter à Roland. Renaud Camus parla posément, toujours avec préciosité, jusqu'au moment où une voix s'éleva dans la salle, intervention exceptionnelle dans ces lieux ; alors il se tut, sans doute aussi peu disposé que moi à une altercation, et la séance fut vite levée. Depuis, le tribunal correctionnel l'a condamné ; n'ayant plus eu d'occasion de l'inviter, je n'ai pas eu à me demander s'il convenait de le faire.

Vincent, mon collègue de Columbia, me rappelle qu'il serait bon que je participe à un numéro de la *Romanic Review* en hommage à Philip Watts, mon ancien élève disparu l'an dernier, trop jeune et en quelques mois, d'un cancer. Phil, quand il est tombé malade, préparait un livre sur Roland et le cinéma, que Vincent a maintenant mis au point et qui est sous presse. J'aimais beaucoup Phil, qui a été mon premier docteur à Columbia, donc mon premier docteur. Sa thèse portait sur la théâtralité dans la « trilogie allemande » de Céline, en particulier dans *D'un château l'autre,* prodigieuse mise en scène de la Collaboration à Sigmaringen. Phil était devenu un excellent spécialiste de l'immédiat après-guerre et en particulier du négationnisme. Comme il avait pris un poste à Pittsburgh, où enseignait aussi Patrizia, nous n'avons jamais perdu le contact et, il y a quelques années, le département l'a fait revenir à Columbia, cette fois comme professeur. Du temps de ses études, il avait été aussi mon partenaire sur les terrains de squash et, comme il respectait son directeur de thèse, il me laissait parfois gagner. Vincent, dont j'ai aussi dirigé la thèse, mais à la Sorbonne, était devenu très ami avec lui après avoir rejoint le département. Durant les quelques mois de la maladie de Phil, ils ont été très proches.
Nous sommes dans mon bureau à New York, je

voudrais bien collaborer au recueil que Vincent prépare et je sens qu'il ne comprendrait pas ma défec-
tion, mais je suis à court d'idées, très sec pour le
moment. Il me suggère de parler de Roland et de
Paul Chack. L'idée me paraît tout de suite excellente,
puisque s'y rejoindraient deux des intérêts de Phil :
Roland et la Collaboration. Vincent a remarqué que
dans l'anthologie des écrivains de la Grande Guerre,
que j'ai publiée avant l'été, une liaison inattendue
est établie entre Roland et Chack. Il m'avait semblé
indispensable d'inclure dans ce recueil quelques
pages sur la guerre navale, le torpillage du *Lusitania*
ou les combats sur les mers, la guerre sous-marine
ou la bataille de l'Atlantique, et je m'étais plongé
pour la première fois dans les récits du plus célèbre,
avec Claude Farrère, des écrivains de marine français, dont plusieurs livres des années 1920 et 1930
furent de grands succès de librairie. Paul Chack, officier de marine, commandant du torpilleur *Massue*
en Méditerranée de 1915 à 1917, capitaine de vaisseau et directeur du Service historique de la marine
lors de sa retraite en 1934, tourna mal par la suite,
puisque cet ancien combattant, croix de guerre et
officier de la Légion d'honneur, vice-président de la
Société des gens de lettres et président de l'Associa-
tion des écrivains combattants dans les années 1930,
fut, avec Robert Brasillach, l'écrivain le plus notoire à
être exécuté après la Seconde Guerre mondiale pour
collaboration avec l'Allemagne nazie. Membre du
Parti populaire français de Jacques Doriot et de son
bureau politique, anglophobe, fondateur du Comité

d'action antibolchevique et cofondateur de la Légion des volontaires français contre le bolchevisme en 1941, président du Cercle aryen, il fut arrêté dès le 23 août 1944, jugé pour intelligence avec l'ennemi, condamné à mort le 18 décembre, et fusillé le 9 janvier 1945 au fort de Montrouge, à l'âge de soixante-neuf ans (Brasillach fut exécuté un mois plus tard).

Il y a quelques années, j'ai retrouvé plusieurs de ses livres, dont les deux premiers qui firent sa renommée, *On se bat sur mer* en 1926 et *Sur les bancs de Flandre* en 1927, dans la bibliothèque de mon père, qui venait de mourir. Plus jeune d'un an que Roland, il avait reçu ces livres dans son enfance et les avait beaucoup lus, car ils étaient usés, et s'il les avait toujours conservés, il ne me les avait jamais fait lire durant ma propre enfance. Pour des raisons évidentes, les pères n'offraient plus Paul Chack à leurs fils dans les années 1950, même si ses récits les avaient exaltés.

J'avais d'abord fixé mon choix sur un chapitre de *Sur les bancs de Flandre*, « L'hiver sauvage », qui relatait l'un des moments les plus dramatiques des combats, l'hiver 1916-1917, durant lequel l'Allemagne déclencha la guerre sous-marine totale. Pourtant, au moment de remettre le manuscrit, par acquit de conscience, parce que je craignais que l'on ne me reprochât d'inclure Chack dans un recueil où j'avais déjà dû compter avec Céline, Drieu la Rochelle et même Brasillach (qu'y puis-je si tant de futurs collaborateurs publièrent plus tôt des pages capitales sur les combats de 14-18 ?), je me décidai un soir à parcourir de nouveau mes exemplaires. Et je tombai fortuitement sur le chapitre précédent, par-dessus lequel j'étais passé trop vite quelques mois plus tôt. Le chapitre XIV de *Sur les bancs de Flandre* relate en effet les combats navals dans la Manche durant une nuit d'octobre 1916. Il est intitulé « Le chalutier "Montaigne" », du nom de ce bateau de pêche reconverti en patrouilleur auxiliaire et armé d'un canon de 57 mm, coulé au large de Sangatte, dont le commandant était Louis Barthes, le père de Roland.

« Je sais par expérience, avait écrit à sa veuve le capitaine de frégate Le Bihan, commandant la 2e escadrille de patrouille, la douleur atroce qui étreint votre cœur d'épouse aimée et chérie ; mais néanmoins, Madame, surmontez votre douleur, pensez au cher petit enfant qui faisait votre joie à tous deux et dites-vous que votre cher mari est mort en accomplissant son devoir envers la France et pour Elle. » Ces officiers parlaient d'une « mort glorieuse » et s'excusaient de n'avoir pas de corps à rendre. « Ainsi la tombe du Commandant du *Montaigne* est la passerelle de son navire, écrivait le capitaine de vaisseau Exelmans, chef de division des flottilles de la mer du Nord ; c'est son poste de combat qu'il n'a pas quitté. Je comprends bien, hélas ! que vous en souhaiteriez une autre où vous puissiez prier, où vous puissiez plus tard mener prier votre cher enfant ! mais vos regards et vos prières iront plus haut que la tombe ! »

Le récit héroïque de la mort du père de Roland était familier de tous les garçons au temps où son professeur de troisième au lycée Montaigne (le même nom que le chalutier avec lequel avait disparu Louis Barthes) inscrivait au tableau noir son nom, le nom de son père, seul père « Mort pour la France » dans la classe, et où Roland, le jour de la rentrée, se sentait gêné, embarrassé par cette gloire, comme il le rapporte dans son autobiographie des « Écrivains de toujours ». Très attaché à sa mère, il ne parle à peu près jamais de son père, comme si rien du destin de celui-ci ne l'avait marqué, comme s'il n'avait pas eu de père. Selon toute apparence, il ne fut jamais question de lui dans nos conversations.

La deuxième lettre de Roland commence par cette tournure : « Mon cher Compagnon ». On ne dirait plus comme cela aujourd'hui. À l'école, au lycée, du temps où je les ai fréquentés, on n'utilisait encore que les patronymes, jamais les prénoms, non seulement les professeurs pour s'adresser à nous, mais aussi les élèves entre eux, si bien que quand je repense à certains condisciples qui devinrent des amis, ce sont leurs noms qui me reviennent à la mémoire, tandis que j'ai oublié des prénoms que j'ai pu connaître mais que je n'ai jamais prononcés et que je n'ai donc pas retenus, comme ceux des deux frères qui étaient, dans le primaire, l'un dans la classe de ma sœur aînée et l'autre dans la mienne, avec qui nous étions liés et que nous voyions aussi en vacances. Leur nom de famille me revient immédiatement à l'esprit, mais, j'ai beau les chercher, leurs prénoms sont entièrement effacés. Comment nous appelions-nous entre nous quand nous nous rencontrions l'été à Compiègne, que nous allions à la piscine, que nous jouions au ballon prisonnier ?

Sans doute ne nous appelions-nous pas, par souci de ne rompre ni de suivre l'usage de l'école.

Roland m'appelle par mon nom de famille, comme un aîné interpellait encore un homme plus jeune. Comment m'adressais-je à lui, moi, à l'époque ? Écrivais-je « Monsieur » ou « Cher Monsieur » en haut de mes lettres, formules très anonymes, ou bien « Monsieur le Directeur », puisqu'il portait le titre de « directeur d'études », certainement pas « Cher Roland Barthes », car je n'aurais pas risqué cette appellation que j'aurais encore trouvée irrévérencieuse par son équivoque, balançant entre l'admiration pour l'écrivain et la touche de camaraderie, l'allure « de pair à compagnon ». Plus tard, je pris l'habitude d'utiliser cette désignation commode, sous prétexte que j'écrivais à des personnalités connues, à des hommes et des femmes identifiés à leur nom complet, tout en espérant que mes correspondants seraient sensibles à l'acception déférente de cette adresse et qu'ils ne la prendraient pas pour un anglicisme. Les usages se sont en effet tellement perdus depuis l'époque où j'ai fait la connaissance de Roland que beaucoup des lettres que je reçois, ou des messages, puisque les lettres se font rares, commencent, si ce n'est pas par « Bonjour », par « Monsieur » suivi de mon nom, ce qui me fait sursauter comme une craie grinçant sur le tableau noir.

Après sa deuxième lettre, Roland passa au prénom, mais beaucoup d'autres continuèrent quelque temps de m'interpeller par mon nom. La mode des prénoms ne s'était pas encore répandue, et l'apostrophe par le patronyme restait ordinaire non seulement de la part d'un supérieur s'adressant à un subalterne, mais aussi entre camarades (pour les gens de mon âge, élevés sous le général de Gaulle, Pompidou et Malraux, il reste déconcertant d'entendre les ministres s'appeler par leurs petits noms, se tutoyer et se faire la bise sur le perron de l'Élysée). J'entends encore la voix de Charles Morazé, historien aujourd'hui un peu négligé, dont j'avais été l'élève à Polytechnique, et homme distingué, quand je lui rendais visite à la Maison des sciences de l'homme ou dans son vaste salon bourgeois de l'avenue Paul-Doumer. Il m'accueillait avec un éclatant « Mon cher Compagnon » qui résonne dans ma mémoire. Pierre Nora m'a longtemps appelé de la sorte, mais nous nous sommes peu à peu liés davantage quand il est devenu mon éditeur, et nous sommes passés aux prénoms. Il est vrai que le contrat était inégal : je n'appelais pas Charles Morazé « Morazé » ni Pierre Nora « Nora », du temps où ils me donnaient du « Compagnon ».

Il y avait encore Jean Piel, le directeur de *Critique*, revue à laquelle j'ai collaboré à partir de l'année où j'assistai au séminaire de Roland. Jean Piel avait une bonne dizaine d'années de plus que Roland. Quand je l'ai connu, il avait plus de soixante-dix ans ; depuis sa retraite du ministère des Finances, il consacrait tout son temps à *Critique*. Je l'ai souvent vu durant les années qui suivirent, lui donnant d'abord beaucoup d'articles, puis moins, mais restant proche de lui, ayant été l'un des premiers à apprendre sa mort un jour que je revenais de New York et que je cherchais à le joindre, ce qui me conduisit à me retrouver mêlé de près à sa succession (que je devrais raconter un jour : ce que j'ai fait sur le moment et ce que j'ai appris plus tard). Je ne sais plus comment il m'appelait après quelques années de collaboration, de déjeuners à La Closerie des Lilas, où il était si rude avec les garçons, ou au Tiburce, rue du Dragon, où il n'était pas beaucoup plus poli avec la patronne, mais je ne suis pas sûr qu'il en soit jamais venu à me donner mon prénom. Au fond, il se comportait avec moi comme avec le petit personnel, c'est-à-dire avec une charmante brusquerie d'ancien régime, une alliance irrésistible de muflerie et de bonhomie, d'exigence et de largesse. Un peu plus tard, je suis entré au conseil de rédaction, où j'ai retrouvé Roland et mieux connu les autres membres. Michel Foucault venait de partir ; j'ai ainsi fréquenté Michel Deguy, Louis Marin, Florence Delay, Michel Serres, Hubert Damisch.

Rares sont ceux qui m'appellent encore par mon patronyme tout court. Si je repense à ces variantes du savoir-vivre, c'est sans doute parce qu'au cours de l'hiver dernier, lors d'un déjeuner, l'un de mes voisins de table fut justement Michel Serres, que je n'avais pas revu depuis des lustres (l'autre était Alain Finkielkraut, encore un ancien du séminaire de Roland). Nous étions les invités de *L'Express* pour le déjeuner des meilleures ventes de l'année au Bristol : Serres y représentait sa *Petite Poucette*, et moi *Un été avec Montaigne*, succès de librairie aussi improbables l'un que l'autre. Or Serres, en pacha bourru de la Royale et en grognard de *Critique*, ne cessa de m'appeler par mon patronyme, jamais autrement. Je me dis que ce devait être l'usage il y a près de quarante ans aux dîners du conseil de rédaction de *Critique*, lesquels avaient lieu au premier étage, auquel on accédait par un étroit escalier en colimaçon que Piel peinait à escalader avec sa canne, sa bottine et sa jambe boiteuse, du restaurant jurassien, Chez Maître Paul, de la rue Monsieur-le-Prince, remplacé aujourd'hui par une pizzeria, où l'on buvait du vin jaune en dégustant de la poularde aux morilles.

Ainsi, quelques personnes m'appellent encore par mon nom de famille, comme Serres ou (je pense bientôt à un autre) Jacques Bouveresse, lui aussi connu dans l'entourage de Piel avec qui il guerroyait – ou qu'il excitait – contre les « nouveaux philosophes » (tandis que Roland se compromettait sans en avoir l'air avec eux, donnait des entretiens à Jean-Marie Benoist, bien oublié aujourd'hui, et à son complice Bernard-Henri Lévy, bêtes noires de Bouveresse). Celui-ci, que j'ai retrouvé au Collège de France, toujours revêche quand nous nous croisons dans l'ascenseur qui mène à nos bureaux, me donne du « Compagnon » et nous continuons de nous vouvoyer. Serres, Bouveresse, ce sont des aînés qui m'ont connu débutant, mais que j'ai peu revus par la suite, et qui se plaisent à me traiter avec un peu de hauteur, manière qui n'est d'ailleurs pas pour me déplaire, puisqu'elle me rajeunit, tandis que leurs contemporains avec lesquels le commerce est devenu plus régulier, comme Deguy ou Nora, en sont venus avec moi aux prénoms. Dans le cas de Roland, cela s'était fait tout de suite, et je me mis moi aussi à l'appeler par son prénom (comme je le fais ici), même si je refusai de le tutoyer quand il le proposa ; il prit également l'habitude de me désigner dans ses écrits sous les initiales A.C. (comme il s'appelait lui-même R.B.).

Ce « Cher Compagnon » n'est du reste pas le seul élément qui me surprend dans sa deuxième lettre. Il y commente un texte que je lui aurais donné à lire et qui ne me dit rigoureusement rien, dont je n'ai pas le moindre souvenir, au point que ma première réaction, en lisant cette lettre, a été de penser qu'il se trompait, qu'il y avait erreur sur la personne. Le pauvre Roland se plaignait tant des jeunes gens et des jeunes filles qui lui envoyaient des textes à la pelle en sollicitant son avis, ou en quêtant son approbation, des textes illisibles, de la « textualité », comme on disait, et voilà que je l'aurais moi aussi embêté en lui soumettant des pages dont je suis à présent d'autant plus honteux que je les ai parfaitement oubliées. J'étais encore ingénieur-élève (c'était le titre) aux Ponts et Chaussées et je jouais avec l'idée d'écrire, hésitant entre la littérature et la critique, et le texte que Barthes lut cet hiver-là était apparemment une nouvelle. Pensais-je que ces pages avaient une quelconque valeur ? Probablement pas. Puisque je m'en suis si bien désintéressé par la suite, on dirait que je n'y tenais pas plus que ça, et ce n'est pas le moment d'ouvrir de vieux cartons pour retrouver la nouvelle qui fit réagir Roland, modérément, tièdement, à vrai dire, car, d'après son commentaire, le texte en question n'avait sans doute rien de bien remarquable.

Cet hiver-là, j'assistais aussi au cours de Michel Foucault au Collège de France. À la suite de *Surveiller et punir*, il traitait de l'exclusion des anormaux par la machinerie administrative depuis le xviiie siècle. Nous nous y rendions à quelques-uns. Lors d'un des premiers cours, en janvier, m'arrêtant devant la vitrine de la librairie Larousse au coin de la rue des Écoles (aujourd'hui la librairie Compagnie, que mon assistante au Collège, ma quasi-contemporaine, appelle toujours la librairie Larousse quand je l'y envoie chercher un livre), j'aperçus le nouveau livre de Roland, tout frais avec sa couverture versicolore (j'ignorais que Roland était un dessinateur amateur). C'était sa petite autobiographie, à moins que ce ne soit plutôt un autoportrait (les experts se sont disputés), qui reste, je crois, le livre de lui que je préfère, le plus maîtrisé, bien rythmé, heureux malgré tout. J'entrai dans le magasin et l'achetai, le glissai dans ma musette (avant la mode du sac à dos urbain, on se déplaçait en Solex ou en Mobylette dans Paris avec une musette en bandoulière). Arrivant au Collège, je cherchai mes amis dans la salle 8 et je tombai sur André, qui était passé lui aussi par la librairie Larousse et y avait vu le livre de Roland, mais il en avait pris deux exemplaires, dont un qu'il m'offrit. Touché par son geste, je ne lui avouai pas que je venais de me procurer le petit livre, mais, plus égoïste ou moins généreux, sans songer à lui en prendre un. Les deux exemplaires figurent toujours côte à côte dans ma bibliothèque, faciles à distinguer, car André laissa une inscription dans l'exemplaire dont il me fit cadeau, une phrase au crayon en marge de la photographie du séminaire. Ce séminaire-là, dont Roland faisait grand cas et qui incarnait quelque chose comme l'essence du séminaire, immortalisé par la photographie de Daniel Boudinet dans la cour de la rue de Tournon, était celui de l'année précédente, comme je l'appris bientôt, car je connus peu à peu beaucoup de ceux que la photographie réunissait : Chantal, Roland, Évelyne, Jean-Louis, Christine, Youssef, Jean-Loup, Patrice, Colette... Tous souriaient au premier rang, obéissant probablement à l'injonction du photographe, tandis qu'ils avaient gardé une mine plus compassée au second rang. C'était la discordance qu'André avait notée, se demandant comment l'interpréter.

Plus tard, vers le mois de juin, Roland me donna rendez-vous au bar du Pont-Royal. C'était la première fois que je m'y rendais, rue du Bac, au sous-sol de l'hôtel. L'endroit n'existe plus lui non plus ; il a disparu lors de la rénovation du bâtiment. Naviguer dans ses souvenirs, c'est toujours récrire *Le Cygne* de Baudelaire, confondre mélancolie et allégorie. La nuit dernière, ne dormant pas, je dessinais dans ma tête le plan de l'appartement que nous habitions à Tunis quand j'avais cinq ans et que nous quittâmes précipitamment après l'indépendance, dans un immeuble qui est aujourd'hui un hôpital avec des volets bleus. Au Pont-Royal, sans passer par le hall, on accédait directement, par un escalier étroit qui prenait derrière une porte donnant sur la rue, à une petite salle dont le sol était recouvert d'une moquette rouge usée et dont les fauteuils étaient garnis de lainage ou de moleskine bordeaux. Roland commanda du champagne ; je l'accompagnai par politesse. En ce temps-là, je n'aimais pas trop le champagne, qui me donnait des migraines depuis mon enfance (c'était probablement du mousseux), quand on en servait les jours de fête, jusqu'au moment où je compris que je l'appréciais seulement s'il était très sec et très cher. Roland raffolait du champagne brut et je me suis souvent laissé faire, en y prenant goût peu à peu. Au restaurant, l'été, dîner au champagne, dehors, le ravissait (quand je me rappelle une sortie heureuse avec lui, pour fêter quelque chose, je ne sais plus quoi, à la terrasse de Coconnas, place des Vosges, j'y associe la légère ébriété d'un superbe champagne millésimé).

Ce jour-là, nous nous contentâmes d'une coupe, comme on dit, même quand on vous sert une flûte. Le séminaire était terminé, à la fois le grand, sur le discours amoureux, et le petit, où tour à tour chacun d'entre nous, y compris Roland, s'était livré au petit jeu d'exposer sa recherche. J'avais parlé de Marguerite Duras, qui n'était pas encore tout à fait à la mode (c'était dix ans avant *L'Amant*) et dont j'étais alors fanatique. Notre rencontre, la première hors de la rue de Tournon et qui avait sans doute été fixée au téléphone, avait un objet précis, ou du moins un prétexte : il convenait de décider si je participerais au séminaire pour une autre année. Celle qui s'achevait venait de modifier assez nettement mon existence. J'avais terminé mes études, mais, au lieu de solliciter un poste dans une direction départementale de l'équipement, destination habituelle des jeunes ingénieurs, au cours de l'hiver je m'étais porté candidat à la Fondation Thiers, petite et curieuse institution rassemblant quinze jeunes gens (ce qui voulait encore dire des jeunes hommes) durant trois ans afin qu'ils préparent une thèse de doctorat. Le directeur en était Robert Flacelière, depuis qu'il avait été limogé de la rue d'Ulm à la suite de la fameuse soirée de célébration de la Commune (j'y avais perdu un manuel de Fortran), le conseil était composé de représentants des académies, et les pensionnaires étaient presque tous des normaliens. Ma candidature était saugrenue, mais je ne tenais pas à me lancer dans une vie professionnelle irrévocable, du moins tout de suite ; j'avais encore besoin de m'aérer et j'étais curieux d'une existence plus libre que celle d'un haut fonctionnaire ; j'avais envie, sans bien me la représenter, de m'essayer à la discipline de la recherche et de l'écriture. Je tentai donc ma petite chance. Or, contre toute attente, il arriva que mon dossier fut retenu. Je l'appris au cours de l'hiver, ce qui me rendit un peu fou durant quelques mois d'exaltation en tout genre. J'allais m'embarquer dans une thèse sans avoir la moindre idée de la méthode requise par un tel projet. J'avais déposé un sujet sous la direction de Julia Kristeva, dont c'était la première thèse et qui improvisait comme moi, mais j'étais enthousiaste.

Je m'engouffrai dans le petit escalier du Pont-Royal afin de m'entretenir avec Roland de ma participation à son séminaire pour une seconde année (plus tard, ce bar, de plus en plus décrépit, devint non pas un repaire, mais un lieu familier de rendez-vous, jusqu'à sa fermeture). Je me demande encore s'il y eut un malentendu dans notre conversation de ce jour-là, comme à la rencontre de deux pudeurs ou de deux timidités, si je me retins de dire que je souhaitais prolonger ma présence au séminaire et si Roland de son côté s'abstint de me demander d'y participer encore, ou bien si nous nous exprimâmes tous les deux franchement lorsque je ne lui manifestai pas le vœu d'y assister un an de plus et qu'il me conseilla à son tour de ne plus y venir. J'avais recueilli en un an, disait-il, tout ce que je pouvais tirer de son enseignement ; il lui semblait inutile de prolonger l'expérience ; j'avais, insistait-il, mieux à faire, et nous continuerions de nous voir, mais selon un autre rythme, en tête à tête.

Le propos de Roland ne me paraissait pas vraiment conforme à ce qu'il avait écrit de son séminaire, conçu comme un espace utopique et euphorique, à la fois dans sa petite autobiographie de l'hiver et dans un article publié un peu plus tôt dans la revue *L'Arc*, article, si j'y songe, qui avait sûrement ravivé ma curiosité de ce lieu. C'était comme s'il en était revenu, comme si le séminaire ne répondait plus à son attente, ou comme s'il avait toujours fait l'objet d'un double langage, l'un public, l'exaltant comme un refuge exceptionnel dans le monde universitaire, et l'autre plus intime, sceptique, vaguement mélancolique. Ou alors était-ce qu'après le séminaire qui avait fait l'objet de l'article et du fragment autobiographique accompagné d'une photo, notre génération lui semblait plus ordinaire et moins attachante. C'était l'une des dernières années du séminaire de la rue de Tournon, avant que Roland ne s'installe au Collège de France, et il avait sans doute déjà à l'esprit la transition (lors de notre entretien du Pont-Royal, j'ignorais encore son projet, qui se concrétisa quelques mois plus tard). Quoi qu'il en fût, et quiproquo ou non, je crus comprendre que Roland ne tenait pas à me revoir rue de Tournon et je n'insistai pas, n'y tenant pas trop moi non plus, et nous nous séparâmes en nous promettant de nous revoir dès la fin de l'été. (Bizarrement, j'ai l'impression que je réapparus tout de même parfois au séminaire l'année suivante et que j'y fis même un exposé.)

Je pris mes marques en septembre à la Fondation Thiers, intéressante architecture de la fin du XIXe siècle sise au rond-point Bugeaud, entre la place Victor-Hugo et la porte Dauphine. Les quinze chambres des pensionnaires, sur deux étages, donnaient sur une galerie intérieure, sous une verrière ; au rez-de-chaussée, autour d'un vaste hall, s'ouvraient le salon, la bibliothèque, la salle à manger et le billard. En parlant de ces lieux, je me rends compte que j'en rêve parfois. Je retourne dans cet étrange bâtiment, qui n'existe plus sous la forme que j'ai connue (il est devenu un club, puis un hôtel, et je viens d'apprendre qu'Olivia de Havilland, quasi centenaire, en a fait sa résidence, et peut-être loge-t-elle dans ma chambre : c'est un peu comme si l'on me disait que j'avais connu Errol Flynn au temps de *La Charge de la brigade légère*). Je ne m'y installai pas, mais je m'y rendais assez souvent pour le déjeuner partagé par les pensionnaires. J'inaugurai mon nouvel état par une visite à la Bibliothèque nationale, rue de Richelieu, où je devins assidu.

Avec Roland, nous prîmes l'habitude de nous voir une fois par semaine pour dîner. L'emploi de son temps était régi par de nombreux rituels associés à chacun de ses amis, car il cloisonnait ses relations (puis il les mêlait le moment venu). Nous nous retrouvions au Bonaparte, le café du coin de la rue du même nom et de la place Saint-Germain-des-Prés, en face de la librairie du Divan (elle aussi disparue, puis relevée sous une autre enseigne, elle aussi condamnée à fermer), quatre étages sous l'appartement que Sartre habitait avec sa mère dans les années 1950. À huit heures et demie sonnantes, car il ne souffrait pas d'une « structure du retard », je voyais Roland traverser la place, marchant à petits pas, les pieds tournés légèrement en dedans ; il venait du Café de Flore ou de L'Apollinaire, où il avait fixé un autre rendez-vous une heure plus tôt. Après avoir travaillé toute la matinée, déjeuné en famille, fait la sieste, joué un peu de piano ou fait un peu de dessin (mais l'après-midi était aussi un moment d'ennui, de « marinade »), pris le thé avec sa mère, Roland quittait son chez-soi et alignait les rendez-vous dans les cafés du quartier en début de soirée, puis il retrouvait la personne avec qui il était entendu qu'il dînerait. Aussitôt assis, il allumait une cigarette. En guise d'apéritif, nous prenions un café, toujours un café, un express, curieux usage, après avoir bu ailleurs je ne sais quoi, encore du thé ou déjà du champagne. Nous faisions le bilan de

51

la semaine écoulée et décidions du restaurant où nous nous rendrions.

Je me souviens surtout d'un restaurant oriental, vietnamien, je crois, qui se trouvait dans une rue parallèle à la Seine, donnant dans la rue Bonaparte, me semblait-il, mais je suis incapable de le localiser avec précision bien que je l'aie beaucoup fréquenté (ce n'était pas Au Vieux Casque, au coin de l'étroite rue Visconti, gargote bon marché, non des mieux famées, et peu orientale, elle aussi fermée depuis). L'autre soir, revenant du Collège, je me suis mis en tête de le repérer. J'ai rôdé un bon moment entre Saint-Germain-des-Prés et les quais, rue Visconti, rue des Beaux-Arts, à la recherche de cette adresse nébuleuse, sans rien dépister qui me dise quoi que ce soit. Déçu, pourtant convaincu que je n'avais pas rêvé toutes ces soirées (mais qui sait ?), je me suis hasardé jusqu'à la rue de Verneuil, mais je n'allais pas m'introduire dans tous les restaurants du quartier, et je n'aurais pas reconnu la salle, notre vietnamien ayant de bonnes chances de s'être lui aussi métamorphosé entre-temps en une pizzeria ou en un couscous.

Du reste, songeant à cette maison secrète où j'ai souvent dîné, c'est un rare déjeuner que je revois et le soleil posé sur notre table. Or nous déjeunions peu seul à seul. Ce midi au restaurant censément vietnamien s'est donc gravé dans ma mémoire. Il eut lieu en été, l'un des derniers, en plein mois d'août. Roland arrivait d'Urt, le matin même par l'avion, si je ne me trompe, et il ne faisait que passer par Paris, se rendant quelque part en Écosse pour le tournage du film d'André Téchiné sur les sœurs Brontë. Il allait tout spécialement mal et ne dissimulait guère son état de déréliction. Il lisait les *Pensées* de Pascal, dont nous parlâmes ce jour-là (la trace de cette lecture se retrouve dans son cours sur la préparation du roman).

Roland mangeait toujours avec vélocité, il se jetait sur les plats comme s'il était affamé, qu'il n'eût rien avalé de la journée, et comme s'il ne se souciait pas de sa ligne, qu'il n'eût pas pour obsession de perdre du poids, comme s'il n'entamait pas périodiquement des régimes alimentaires bientôt abandonnés. Ce n'était ni la faim ni la gourmandise qui le précipitait avec une apparente voracité vers la nourriture, dès qu'elle était déposée sur la table, mais peut-être bien l'ennui, cette vague tristesse qui l'accompagnait dans tous ses gestes.

Je me le représente dévorant goulûment des nems, saisissant un rouleau impérial, l'enveloppant avec hâte dans une feuille de salade et de menthe, le trempant dans la sauce de nuoc-mâm qui lui coulait entre les doigts quand il enfournait le petit pâté croustillant. Cette image serait toutefois associée plutôt au petit chinois de la rue de Tournon où nous allions parfois, mais en bande, après le séminaire des Hautes Études, puis le samedi à déjeuner avec la petite troupe des fidèles, les quelques fois où j'assistai au cours du Collège de France. Aussitôt que l'assiette était posée devant lui, négligeant les baguettes, Roland l'avait nettoyée à la fourchette ou avec les doigts. Je ne pensais pas jusque-là manger lentement, chipoter dans mon assiette comme ma mère le reprochait à ma sœur cadette quand j'étais enfant. Plus tard, en pension, nous mourions de faim quand nous arrivions au réfectoire et nous nous précipitions pour avoir du rab, vidions les plats en moins de temps qu'il ne fallait pour le dire, mais Roland, me disais-je, nous aurait tous battus à plate couture, ayant bénéficié de l'entraînement de beaucoup d'années de sanatorium durant lesquelles on l'avait encouragé à se nourrir pour guérir.

Puis il sortait son petit carnet à spirale et son Bic à poussoir, il les posait à côté de son assiette et notait de temps à autre une idée surgie de notre conversation. Au début, cette manie me dérouta, ou même me choqua, tant elle était contraire aux usages chez un homme si policé, si généreux par ailleurs (je ne pense pas qu'il se soit expliqué ni excusé la première fois), non pas qu'il l'imposât à ses convives comme si elle avait été une prérogative de l'écrivain (Roland n'affectait jamais ce rôle), mais comme s'il avait eu la crainte d'oublier une pensée essentielle, qu'il lui fallût l'enregistrer de toute urgence tant elle lui semblait précieuse et irremplaçable. Cela allait avec sa méthode des fiches, à laquelle je ne me suis pas fait non plus.

Nous fréquentions d'autres restaurants de Saint-Germain-des-Prés, fermés également aujourd'hui et que j'ai oubliés ; parfois nous dînions d'œufs et d'un verre de bordeaux au Flore ; ou nous nous aventurions jusqu'à la place des Vosges ou chez Bofinger (où lui plaisaient les assiettes clochées) ; plus tard Roland vint dîner chez moi, apportant des gâteaux (une fois un immense pithiviers) ou du champagne ; plus tard encore, après la mort de sa mère, j'allais dîner chez lui, dans la minuscule cuisine de l'appartement du second où il était descendu quand sa mère ne put plus monter les étages, et où il resta après qu'elle l'eut quitté. Ces repas bricolés, chez lui ou chez moi, étaient le plus souvent arrosés de bordeaux, sans que je puisse dire à présent qui de nous deux était le plus responsable de ce choix, lequel nous convenait pareillement. En tout cas ils étaient vite expédiés, après quoi nous bavardions. Roland allumait un cigare ; je fumais des cigarettes. Quand nous dînions dehors, je le raccompagnais jusque chez lui, jamais bien tard. Il faisait une halte à la pharmacie du bas de la rue Bonaparte, qui restait ouverte le soir ; il y achetait un médicament pour sa mère ou pour lui, une boîte d'Optalidon pour ses migraines, qu'il appelait aussi des « céphalées », drogue qui me rappelait ma grand-mère, laquelle en prenait quand j'étais enfant. Rue Servandoni, je le laissais à sa porte, parfois je montais encore un moment jusqu'au sixième, où il avait son bureau mansardé qui communiquait avec l'appartement familial par une trappe. Puis je rentrais chez moi à pied, ou bien je prenais l'autobus vers la place de Clichy.

La première fois que je montai chez Roland, ce fut cet automne-là. Je m'étais lancé dans la rédaction d'une sorte de méditation sur le fait d'écrire qui deviendrait la première partie de ma thèse, puis de mon premier livre, *La Seconde Main.* C'était quelque chose comme une phénoménologie ingénue de la lecture et de l'écriture, tournant autour de l'idée de la citation, du découpage et du collage. Je m'y étais mis avec la fougue du néophyte et cela avançait bien ; j'avais achevé un premier jet, mais je ne possédais qu'une machine à écrire portative, une Hermès Baby que j'avais achetée deux ans plus tôt, pour taper mes premiers textes (dont le manuscrit envoyé à Cayrol). Elle n'était plus adaptée à présent que j'avais des prétentions plus professionnelles. Nous en avions parlé, Roland et moi, au cours d'un dîner. Comment ce sujet était-il venu dans la conversation ? Peut-être l'avais-je interrogé sur sa manière de travailler, puisque les leçons reçues de lui à ce sujet n'ont jamais cessé de me marquer. Roland tapait lui-même tous ses textes sur une machine à écrire mécanique ; il en possédait une à Paris et une autre à Urt. Il rédigeait d'abord à la main, puis recopiait une fois au moins, de son écriture appliquée ; ses pages étaient assez aérées, ménageant de l'espace pour qu'il pût faire des ajouts dans les marges, en haut, en bas, raccordés au texte par des accolades ; quand il était prêt, il se mettait à taper, ce qu'il faisait à toute vitesse (j'ai plusieurs lettres relatant la frappe frénétique de son livre sur le discours amoureux).

Cédant aux sirènes du progrès, il s'était bien décidé quelques années plus tôt à s'équiper d'une machine à écrire électrique, mais il n'était jamais parvenu à en maîtriser le régime et il avait vite renoncé à son emploi. Les touches démarraient comme une mitraillette quand il appuyait dessus et reproduisaient le caractère souhaité de façon incontrôlée. Cela l'avait exaspéré. Était-ce sa faute ou un défaut de la machine, il n'en savait rien. Cette mésaventure, je l'avoue, me parut inconcevable. Je n'avais encore jamais utilisé une machine à écrire électrique, mais je n'imaginais pas que cela fût sorcier, et Roland était un pianiste aguerri, la souplesse de son doigté aurait dû être irréprochable. Cette incompatibilité d'humeur entre Roland et sa machine reste en tout cas pour moi un petit mystère.

Toujours est-il qu'il m'offrit aussitôt de passer chez lui et de le débarrasser de cet appareil endiablé, en espérant que je dominerais mieux que lui ses impétuosités. Le lendemain, je me rendis donc rue Servandoni pour la première fois, grimpai les six étages, retrouvai Roland dans son grenier, lui offris un disque de Glenn Gould acheté en chemin chez Vidal (c'était le coffret du *Clavecin bien tempéré* de Bach, il me semble, qui venait d'être mis en vente et que je m'étais déjà offert). La machine effrénée reposait sagement sur la table, avec quelques rubans de rechange. C'était une grosse Olivetti de bureau, métallique, solide, durable, si pesante que nous appelâmes un taxi pour que je la transporte chez moi. Cette Olivetti, Roland ne me l'avait pas expressément donnée et, si elle ne s'était pas mieux comportée chez moi, avec plus de retenue, je la lui aurais restituée, mais cet engin l'avait trahi et il n'y tenait pas plus que ça. Depuis un an ou deux, ce monstre l'encombrait. Or je n'ai jamais reçu de ma vie de cadeau plus précieux. J'arrivais à la Fondation Thiers ; j'avais devant moi trois années de liberté pour apprendre à écrire, pour m'essayer à une vie de recherche, et Roland me mettait le pied à l'étrier. Du moins, ce fut ainsi que je conçus ce dépôt qui avait tout d'un don. Roland ne se débarrassait pas d'un objet indocile et superflu ; il me mettait en demeure d'apprivoiser son Olivetti afin de lui faire rendre des textes dignes de sa générosité.

Cette machine eut toujours pour moi une valeur symbolique incommensurable. Pour moi, elle avait une âme, elle me tint la main, comme l'ange qui guide saint Matthieu sur la première version du tableau du Caravage que les prêtres de Saint-Louis-des-Français refusèrent parce que le peintre y avait représenté l'inspiration de l'évangéliste d'une façon trop grossière. Je me serais attaché à elle plus encore si j'avais su alors que les Olivetti et les Ginzburg, deux magnifiques familles juives de Turin, étaient intimement liés, mais je l'ai appris bien plus tard, dans les beaux Mémoires de Natalia Ginzburg, *Lessico famigliare*, où elle relate le mariage de sa sœur Paola et d'Adriano, le fils du fondateur, qui fit d'Olivetti une grande entreprise moderne et sociale. Comme moi à l'époque, Roland ignorait sans doute que les Olivetti et les Ginzburg avaient été parmi les premiers lecteurs passionnés de Proust en Italie au début des années 1920. Son Olivetti, machine en quelque sorte proustienne, aussi chargée de mémoire que la Salamandre qui nous réchauffait dans les années 1950, auprès de laquelle nous faisions nos devoirs autour de la table de la salle à manger, et que je devais plus tard retrouver dans *L'Âge d'homme* de Michel Leiris, me servit fidèlement pendant une douzaine d'années, sans jamais me trahir, obéissant au doigt et à l'œil, sans partir jamais comme une arme à feu quand j'effleurais l'une de ses touches. En douze ans, elle tomba une seule fois en panne ; le ruban se bloquait, n'avançait plus ; je devais l'encourager du doigt. Ce n'était rien, un peu de poussière dans les rouages, et elle fut bientôt de nouveau sur pied. J'ai tapé avec elle, car une machine à écrire devient vite la compagne de vos jours et de vos nuits, trois ou quatre ou même cinq livres, jusqu'à mon départ pour New York. Roland était mort. Chaque fois que je m'asseyais devant l'Olivetti, les jambes serrées sous l'étroit bureau de dactylo, je repensais à ce que je lui devais, à mon obligation à son égard. Cette machine incarnait ma dette, mais celle-ci était bien plus vaste et intangible.

Nous étions cependant entrés dans l'ère du traitement de texte. Je revins de New York muni d'un ordinateur portable, l'un des premiers, encore malcommode avec son minuscule écran vert et ses lettres floues qui abîmaient les yeux ; je montai l'Olivetti dans la chambre de bonne où elle sommeilla des années sous sa housse ; quand je dus évacuer ce grenier, je me demandai un moment que faire de la machine de Roland, car pour moi elle était toujours l'Olivetti de Roland. Elle lui appartenait ; il me l'avait confiée pour que je fasse des livres à mon tour ; il me l'avait remise parce qu'il avait eu confiance en moi et qu'il avait jugé que je saurais en faire un bon usage, ou du moins que je la domestiquerais mieux qu'il n'y était parvenu. J'ai conscience d'exagérer, car cette machine l'embarrassait. Il n'empêche qu'elle m'a bien servi, comme ces prothèses qui deviennent un prolongement de votre corps, si bien que l'on ne sait plus où s'arrête la nature et où commence la culture. Pour écrire, Roland ne s'était jamais fait à l'électricité, et maintenant on était passé au numérique ; il avait prophétisé l'hypertexte comme un gigantesque système de fiches, de même que les premiers inventeurs de l'ordinateur l'avaient conçu comme un instrument mécanographique. J'ai hésité un jour ou deux, puis j'ai descendu la machine dans la rue ; je l'ai mise aux ordures. Quand, pris de remords, je suis redescendu une heure ou deux après, elle avait été emportée ; un chiffonnier s'en était emparé sans en connaître le prix. Je me suis senti mal, mais cet objet n'avait d'autre valeur que symbolique. Le symbole resterait vivant en moi, et il est absurde de s'attacher à des choses.

Quelques mois plus tard, je me rendis à une petite cérémonie organisée par l'Imec, institut qui recueille les archives des écrivains contemporains, à l'occasion du dépôt des manuscrits de Roland par son frère Michel. Je consultais les quelques documents exposés dans les vitrines quand je fus soudain pétrifié par un texte comme s'il y avait erreur et qu'il était de moi, comme si j'avais rencontré mon double ou perdu mon ombre. C'était l'un des rares articles que Roland avait dactylographiés sur son Olivetti. Je ne la possédais plus, je ne l'avais plus employée depuis des années, mais j'identifiais encore ses caractères à mon écriture. Aujourd'hui, tout le monde se donne à lire en Cambria, après l'avoir fait en Courier ou en Times, les caractères de nos imprimantes sont devenus interchangeables et anonymes, mais nos machines à écrire, sauf les IBM à boule qui se ressemblaient toutes, prolongeaient notre main comme un crayon ou un stylo. Leurs caractères, aussi personnels qu'une écriture, jaillissaient de notre corps, comme si les tiges qui se redressaient pour frapper le papier, quand nous appuyions sur les touches du clavier, étaient au bout de nos doigts. Je me retrouvais devant un texte de Roland comme si j'en étais l'auteur, et j'avais jeté sa machine, le plus beau cadeau qui m'ait jamais été fait. Lui-même, n'avait-il pas jeté sa « côtelette » par-dessus le balcon de la rue Servandoni ? Du moins je n'avais pas lancé l'Olivetti par la fenêtre. Elle aurait pu tuer un passant.

Au cours de l'hiver, je montrai à Roland le prologue que j'avais ébauché pour ma thèse, dactylographié sur sa machine. Là non plus, je ne me rappelle pas les circonstances : quand, pourquoi, comment je lui confiai ces pages, ni s'il avait de lui-même exprimé le souhait de les lire. Probablement, car je ne me vois pas lui en imposer la lecture, alors qu'il se plaignait tant d'être harcelé par les demandes. Cet épisode ne m'avait pas laissé de souvenir. Pourtant, parmi les lettres de Roland que j'ai maintenant parcourues, l'une rend compte de sa lecture, au Flore, écrit-il, un jour que le café était envahi par le brouhaha d'une foule inhabituelle, réunie à l'occasion du salon du prêt-à-porter (on dirait à présent la *Fashion Week*). Je me demande si, lorsqu'il prit connaissance de mes feuillets, il ressentit le même choc que moi à l'Imec, devant son article tapé sur notre Olivetti. Cette machine ne lui était pas devenue aussi familière qu'à moi (je viens de tomber sur une photo, prise au cours des quelques mois où il se battit avec elle, de Roland assis à son bureau auprès de notre machine), mais j'aimerais penser qu'il éprouva tout de même un léger trouble en découvrant mes pages sorties de la machine qu'il m'avait confiée pour mes premiers pas dans le métier, comme lorsqu'un artisan prête ses outils à son apprenti.

Sans attendre notre prochain rendez-vous, Roland prit donc la plume aussitôt après avoir parcouru mon prologue. Lue aujourd'hui, sa lettre me paraît si unanimement enthousiaste et si excessivement élogieuse que sur le moment elle dut me faire douter de sa sincérité. J'attribuai probablement sa réaction à un certain aveuglement lié à l'affection, si bien que je ne la pris pas au sérieux et que je n'en tins pas compte, et c'est vraisemblablement pourquoi je n'en ai pas gardé le moindre souvenir. Cette lettre me fit-elle plaisir ? Elle me flatta peut-être brièvement. M'encouragea-t-elle à persévérer ? Peut-être, mais je me méfie tant de mes capacités qu'elle ne put pas avoir d'effet durable. Redécouvrant ces compliments comme si c'était la première fois, je ne les refuse plus, ne les désavoue pas ; ils me font sourire un instant à la manière d'un signe de reconnaissance enfoui, mais je les enterre de nouveau bien vite avec le reste des peaux d'âne, car la première leçon que j'ai apprise de Roland, c'est de ne pas fanfaronner.

Ce fut assurément peu après cet épisode que Roland me demanda de diriger le colloque qui devait avoir lieu l'année suivante à Cerisy-la-Salle. Il formula les choses ainsi : on le pressait depuis longtemps d'accepter qu'un colloque ait lieu là-bas autour de son œuvre et en sa présence ; il y mettait comme condition que je le dirige. Sur le moment, je ne me rendis pas compte des responsabilités que cette tâche impliquerait, et je pensai surtout aux inconvénients, sur lesquels Roland, qui redoutait l'administration, l'intendance, la paperasserie, insistait aussi. Il faudrait prendre des contacts, rédiger des lettres, multiplier les coups de téléphone. Nous dresserions ensemble la liste des invités, mais j'aurais la charge du secrétariat. Cela m'inquiétait, car je n'avais pas d'expérience tactique et diplomatique de ce genre, et je souhaitais donner tout mon temps à ma thèse.

Lui cédant néanmoins, par incapacité de dire non, j'acceptai sans joie sa proposition, et sûrement sans gratitude. J'avais vingt-cinq ans et l'idée que je faisais des envieux ne me vint pas à l'esprit. Elle m'apparut peu à peu, quand je me heurtai à plusieurs refus assez secs, mais c'est seulement il y a deux ans que j'en ai acquis la certitude, quand je suis retourné à Cerisy, trente-cinq ans après les faits, pour diriger un autre colloque, sur Proust cette fois, à l'occasion du centenaire de la publication de *Swann*. Dans les escaliers du château, étaient accrochées des photographies des colloques du passé. Édith Heurgon, désormais propriétaire des lieux (jadis, sa mère, Anne Heurgon-Desjardins, avait suivi tout le colloque sur Roland, assise au premier rang aux côtés de Maurice de Gandillac, avant de mourir au cours de l'été), me montra l'une d'elles où je ne me reconnus pas. C'était pourtant bien moi, ce jeune homme en veston étriqué à revers trop larges (et sans doute en pattes d'éléphant, mais le cliché s'arrêtait au milieu du corps), totalement impréparé à la mission qui lui avait été confiée. Édith, qui travaillait à l'époque comme ingénieur à la RATP mais gérait l'organisation matérielle des colloques, et avec laquelle je croyais, n'étant pas encore bien loin des Ponts et Chaussées, m'être bien entendu, me fit remarquer qu'aucun autre directeur n'avait jamais été si peu âgé. Au son de sa voix quand elle formula cette observation, je compris qu'elle n'était pas revenue de ses réserves et jugeait encore que le choix d'un directeur aussi novice et inapte avait été une maladresse.

À ce point, son opinion m'indifférait, et je me contentai de l'enregistrer pour mémoire, mais elle ajouta, ou laissa entendre, que d'autres candidats avaient été pressentis par les responsables du centre culturel et suggérés à Roland, qui n'en avait pas voulu. J'aurais dû y songer, car cela me frappa aussitôt comme une évidence. L'offre de Cerisy avait été accompagnée du nom d'un directeur ou d'une directrice, personne qui était peut-être à l'origine du projet, s'était adressée aux Heurgon, s'était mise en avant, et avait été écartée. Plusieurs noms se présentèrent aussitôt à mon esprit. Il les avait refusés pour m'imposer. On s'était demandé qui était cet inconnu. Son secrétaire ? Son chouchou ? Son favori ? Je n'étais ni l'un ni l'autre et je ne sais pas pourquoi Roland me désigna pour organiser son colloque. Il me préféra à des prétendants plus expérimentés, il voulut éviter des candidats trop pressants. Je fus un directeur par défaut et je ne me fis pas que des amis.

Parmi les lettres de Roland, une série de billets ont trait à la mise au point de ces journées, mentionnent des noms à retenir, d'autres à supprimer, des adresses où les joindre. Édith a raison : je débutais et j'étais insuffisamment qualifié ; je manquais d'autorité pour exercer une tâche qui ne fut pas de tout repos. Parmi la génération intermédiaire des alliés de Roland, presque personne ne vint. J'y devinai plusieurs motifs : de la désapprobation pour l'inflexion intimiste, jugée complaisante, que ses travaux avaient prise depuis son autobiographie ; des soupçons sur ses figures du discours amoureux, surprenant succès de librairie de cette saison-là (si ça se vend, c'est mauvais signe, pensent traditionnellement les avant-gardes) ; de l'irritation contre les jeunes gens un peu hystériques qui entouraient désormais Roland et qui se montraient peu sensibles à sa période formaliste. Le résultat fut que les partisans du structuralisme et de la textualité, les affidés de *Tel Quel* et de *Poétique*, s'abstinrent ou bien trouvèrent des excuses pour ne pas faire le déplacement (Gérard Genette et Louis-Jean Calvet, disciples des premiers séminaires, se décommandèrent au dernier moment en prétextant des ennuis de santé, m'apprit une lettre de Roland). Le colloque, sautant de gré ou de force par-dessus les années moyennes, fut peu représentatif de la carrière de Roland. N'était-ce pas tout juste ce qu'il voulait ? Je n'ai pas souvenir qu'il ait exprimé la moindre critique du programme que nous avions composé ensemble et qui rassembla certains complices plus anciens, ceux des années 1950, et beaucoup de ses admirateurs les plus récents, à présent très nombreux. De fait, la liste des invités dut beaucoup plus à Roland qu'au directeur en titre, dont le carnet d'adresses se réduisait à peu de chose.

Le clou de l'événement fut la conversation qu'eurent Roland et Alain Robbe-Grillet le dimanche matin, à l'heure de la grand-messe. Le salon du château fut envahi par des auditeurs qui n'étaient pas régulièrement inscrits au colloque, n'avaient pas payé leur cotisation, et l'administration du centre, habituée à plus de discipline même lorsque l'on se réunissait au nom d'Artaud ou de Bataille, se trouva débordée, craignit un happening, et me manifesta son mécontentement. Je n'y pouvais rien. C'était une très belle journée de juin, déjà estivale. Les fenêtres étaient grandes ouvertes sur la terrasse. Dans les embrasures, un peu comme les belles dames aux fenêtres du Collège de France sur les fameuses photos des cours de Bergson, se bousculaient les fraudeurs, jeunes gens et jeunes filles, certains très jeunes, encore lycéens, qui avaient campé clandestinement dans les environs du château ou même dans le parc.

Robbe-Grillet, venu en voisin, chez lui à Cerisy, la chevelure ondulée et la barbe taillée, était dans une forme superbe ; Roland, lui, n'allait pas très bien, paraissait plus malheureux que jamais. Il se demandait ce qu'il faisait là, pourquoi il avait accepté de participer à ces entretiens, et je me sentais moi-même un peu coupable de l'y avoir entraîné. À vrai dire, Roland s'était inquiété durant l'hiver que je remette

66

mon tablier, parce que je négligeais ma correspondance, ne faisais pas mes devoirs. Parmi ses lettres, je
suis tombé sur un de ces petits bleus qui circulaient
en hâte dans les sous-sols de Paris avant de vous être
livrés par un coursier diligent. Ce petit bleu date de
la mort de Juliette, que je lui avais sans doute apprise
au téléphone. Roland sympathisait, mais il se souciait
aussi que je le laisse tomber, m'encourageait à ne pas
abandonner la partie. Bon gré, mal gré, nous étions
embarqués. Durant toute la semaine, Roland se tour-
menta pour sa mère, dont ce serait le dernier été. Il
s'en voulait de s'être éloigné d'elle, l'appelait souvent,
revenait abattu de ses coups de téléphone. Alain l'ir-
rita immédiatement par sa jactance et ses taquineries.
Moi-même, censé arbitrer leur débat, d'ailleurs épuisé
après quelques jours de marathon, je ne faisais pas le
poids et me sentis dépassé. Plus tard, je devais mieux
connaître Robbe-Grillet, je l'invitai à Polytechnique
et à Columbia, où, après plusieurs années, il redonna
la même causerie à l'identique, sa causerie standard,
faisant rire le public par les mêmes saillies. Il avait
quelques numéros bien rodés, récitait du Balzac, s'en
prenait aux critiques qui, prétendait-il, n'avaient rien
compris au nouveau roman parce qu'ils n'avaient pas
encore assimilé Proust, ou même ne l'avaient pas lu.
J'appris à apprécier ses bravades, mais ce jour-là, à
Cerisy, je le trouvai insupportable, et Roland sortit de
fort méchante humeur de leur dialogue de sourds.
   Or cette rencontre au sommet connut des rebondis-
sements. Christian Bourgois était présent ce matin-là
(je le revois, debout, silhouette grise et diaphane

contre les bibliothèques au fond de la salle, dans le clair-obscur provoqué par le soleil rayonnant sur les graviers aperçus par la porte entrouverte). Il devait publier les actes de notre colloque, que je réunis afin de les lui remettre dès l'automne. Pour le nouvel an, il lui vint l'idée d'en offrir les prémices, et il imprima une jolie plaquette recueillant l'intervention de Robbe-Grillet, puisque l'échange prévu avait tourné au monologue. Ce fut un exquis cadeau qu'il distribua pour les étrennes, présent dont Roland se serait bien passé parce qu'il lui rappelait une journée peu agréable. Je ne crois pas que Christian Bourgois, dont, à la suite de cet épisode, je me suis tenu à distance, nous ait consultés. De surcroît, cette publicité faite à l'attachement de Robbe-Grillet pour Roland fâcha tant et si bien Philippe Sollers que celui-ci exigea réparation. Sollers avait séché Cerisy. J'ai lu dans un livre sur Roland que ce fut de ma faute. Je l'aurais invité sans assez insister, sans lui assurer que sa venue était essentielle à la réussite du colloque. C'est possible, puisque l'auteur de ce livre tient probablement cette explication de l'intéressé, mais elle ne me dit rien du tout. En tout cas, Roland, pour l'apaiser (de plus, Sollers se trouvait alors en difficulté au Seuil), dut convenir de rassembler ses quelques chroniques sur le directeur de *Tel Quel* dans un opuscule. Il ne savait pas dire non, et c'est aussi une leçon que j'ai apprise de lui. Moi-même, je quittai Cerisy sur les rotules. Trente-cinq ans après, devant la photo de l'escalier, quand Édith me laissa entendre que je n'avais pas été à la hauteur, je n'allais pas contester son diagnostic.

Parcourant le journal de Philippe Muray, je tombe sur cette phrase, notée après la lecture de *Femmes*, le roman où Sollers transpose la mort de Roland : « Je commence à être terriblement sensible à la sottise de Sollers (à sa bêtise insolente). » Muray semble découvrir que les écrivains sont bêtes, surtout les romanciers, que le génie coexiste chez eux avec de la bêtise. Puis, en censeur attitré du « stupide XIXe siècle », il se souvient, non sans immodestie, de « Baudelaire devant la bêtise de Hugo... », tout en rappelant l'équivoque de leur relation, à savoir « l'admiration aussi de Baudelaire pour le génie de Hugo (et les deux choses en même temps) ». Pas d'écrivain digne de ce nom sans un peu de bêtise, assez pour vaincre la discrétion, pour braver la honte attachée au fait de publier. « Le génie est toujours bête », observait Baudelaire à propos de Hugo, non pas le poète mais l'homme, le penseur. Robbe-Grillet faisait l'idiot quand il récitait la première page du *Père Goriot* dans un amphithéâtre comme s'il se trouvait dans son bain. Baudelaire enrageait contre la sottise de Hugo : « Il m'emmerde », confiait-il à son ami Poulet-Malassis ; puis il se reprenait et biffait son coup de gueule, rendait le gros mot illisible sous des hachures serrées, car il admirait tout de même Hugo. La bêtise vénielle de Hugo fait de lui un grand écrivain et le rend plus attachant en révélant sa fragilité. Sans elle, son insolence serait insupportable.

Et Roland ? Je n'y avais pas pensé jusqu'ici. Il lui manquait ce grain de bêtise qui permet d'imaginer des romans. « Il y a une bêtise de Balzac », disait-il.

Raconter une histoire drôle à la fin d'un repas n'était pas dans ses habitudes. L'énoncé le plus proche d'une anecdote dans son œuvre qui me vienne à l'esprit, c'est une phrase d'une bonne dame dans un train : « Depuis que mon fils est entré à Polytechnique, il a arrêté de fumer. » Or cet exemple lui sert à démontrer que les histoires sont sans intérêt au premier degré et que seuls comptent leurs sous-entendus. Roland ignorait que le premier de ses aïeuls à quitter Saint-Félix-de-Caraman après la Révolution avait été admis dans la nouvelle École polytechnique avant de suivre la Grande Armée. La bêtise n'était pas son fort, la bêtise au front de taureau. Un autre mot conviendrait mieux, comme *balourdise* ou *gaucherie*, car Roland se surveillait.

Ai-je parfois été sensible à une niaiserie de Roland ? À cette sorte de bêtise qui n'offusque pas, qui donne au contraire de la tendresse, comme on peut en avoir pour un enfant maladroit ? Par exemple quand il sortait son carnet en dînant. J'avais l'idée que les choses qui comptent se répètent, qu'elles ne sont jamais si fugitives qu'il faille les attraper au vol, les clouer comme des papillons. La croyance de Roland en leur fugacité me semblait aussi superstitieuse que celle de Hugo quand il faisait tourner les tables. Je la lui passais volontiers, comme un enfantillage.

Nous nous rendîmes parfois à l'opéra au cours de ce printemps-là (l'année où il lut le prologue de ma thèse et me demanda de diriger son colloque). Je me rappelle une représentation de *L'Or du Rhin* au Palais Garnier, dont ce furent les meilleures années sous la direction de Rolf Liebermann. Je m'étais entiché d'art lyrique quelques années plus tôt (je n'étais pas le seul, car ce fut une mode). *Le Trouvère* fut le premier spectacle auquel j'assistai, initié par mon amie Juliette lors d'une permission pendant mon service militaire. Nous écoutions Verdi à tue-tête, chez elle, dans sa voiture, ou *Tosca*, à nous saouler. Puis j'avais souscrit un abonnement avec André, lui aussi enthousiaste, encore que moins enfiévré et plus averti. Roland, lui, n'appréciait pas l'opéra de façon immodérée ; je ne suis même pas sûr qu'il le goûtât, à la différence de la mélodie, qu'il avait chantée dans sa jeunesse. Cette expérience le rendait partial. Le pauvre Gérard Souzay, qui ne méritait pas cette animosité, avait été blessé par les flèches que Roland lui avait décochées dans ses *Mythologies*, sous prétexte d'« art vocal bourgeois », démonstratif et redondant, et surtout par fidélité à son maître Charles Panzéra. Roland cite quelque part avec approbation la boutade antimoderne de Verdi : « Tournons-nous vers le passé, ce sera un progrès », mais le *bel canto* n'était pas son genre ; seul Wagner était tolérable à l'opéra.

Il y eut ensuite une *Walkyrie*, durant le long entracte de laquelle nous traversâmes la place pour nous restaurer au Café de la Paix, mais la *Tétralogie* de Paris s'arrêtait là, par manque de fonds, j'imagine. Une suite était toutefois concevable. Il me semble que ce fut à la terrasse de la place de l'Opéra que Roland me proposa de l'accompagner à Bayreuth, où il avait reçu une invitation pour le centenaire du *Ring*. Plusieurs mois à l'avance, le spectacle soulevait déjà la controverse et promettait d'être mémorable, sous la direction de Pierre Boulez et dans la mise en scène de Patrice Chéreau. J'étais bien entendu très tenté, mais, bêtement, je refusai, par discrétion, par fausse pudeur, et je n'ai jamais assisté par la suite au Festival de Bayreuth.

De là-bas, Roland m'écrivit une lettre morose où il disait comprendre mes réticences, se plaignait de l'atmosphère pesante, « cette espèce de tuf allemand qui, du moins pour moi, a toujours un relent de nazisme », mais sauvait le festival, le spectacle, en le comparant à une corrida, par allusion à celle où nous étions allés quinze jours plus tôt (cette corrida, je me demandais si je ne l'avais pas rêvée, mais la comparaison de Roland donne plus de poids à mon souvenir). J'acceptai Cerisy, qui fut une servitude, mais je dédaignai Bayreuth, qui aurait été un divertissement, même si la lettre de Roland ne le présente pas de la sorte. Avec le recul, je me dis que j'aurais mieux fait de me décider en sens contraire.

Durant ces temps de forte complicité, il y eut aussi l'écriture en commun de l'article *Lettura* pour l'encyclopédie italienne d'Einaudi. Roland s'était engagé à livrer une série d'articles sur des termes relevant de ce qu'on qualifiait alors de « Théorie ». J'ignore s'il avait été initialement entendu qu'il écrirait ces articles tout seul ou en collaboration, c'est-à-dire qu'il les sous-traiterait largement à quelques disciples du séminaire, révisant ensuite leur copie et signant avec eux. L'entreprise ayant pris du retard, c'était en tout cas ainsi qu'il la concevait, et elle avait mal commencé puisque le premier article envoyé à Turin avait été refusé par le responsable italien de la publication : c'est ce qui me fait dire que celui-ci n'avait peut-être pas prévu la manœuvre de Roland et qu'il avait été surpris de recevoir une copie non signée de lui seul. Voilà ce que Roland appelait un « micmac », un malentendu, un quiproquo, une situation compliquée, une intrigue embrouillée comme il avait le don de les susciter. Cerisy, après tout, ne fut jamais qu'un gros micmac, et je ne pouvais pas tirer mon épingle du jeu ; Bayreuth aurait été un autre gros micmac, et, cette fois, je n'avais peut-être pas eu tort de me défiler.

Roland me disait que cela lui ferait plaisir d'écrire et de signer un texte avec moi, mais il était assez remonté contre l'éditeur italien et m'avertissait que le texte ne serait peut-être pas publié. Cela n'avait pas trop d'importance, car je m'étais engagé pour un article qui ne me posait pas de difficultés, le thème se rapprochant des recherches que je faisais pour ma thèse. De fait, je rédigeai des pages dans le genre de ce prologue de ma thèse qui avait tant plu à Roland : à la première personne, première personne non pas autobiographique mais prétendument, fictivement, phénoménologique. La démarche conçue pour parler de la citation pouvait aisément s'appliquer à la lecture. Je n'étais pas trop informé de ladite « esthétique de la réception », qui se fondait sur la description de la lecture, mais ce type d'approche devait être dans l'air du temps, car ce fut ainsi que j'abordai, naïvement, la question. Je me rappelle tout juste que je souffris beaucoup en écrivant ces pages (certains textes sont associés pour

73

toujours aux circonstances de leur composition) ; je souffris non pas mentalement ou spirituellement, mais matériellement, physiquement ; je suais en écrivant, je tenais mon stylo avec peine ; il me glissait littéralement entre les doigts, car la rédaction de cet article coïncida avec une forte vague de chaleur, une canicule comme la France en connaît rarement et comme je l'ai vécue une seule autre fois depuis cette date. *Lettura* et canicule ne cesseront jamais de rimer dans ma tête. Une fois dactylographié sur l'Olivetti, la petite olive (on appelait alors *olivette* la tomate qui porte à présent le nom moins poétique de *Roma VF*), j'envoyai mon texte à Roland, lequel n'y trouva rien à redire, ajouta quelques paragraphes inspirés, je crois m'en souvenir, d'une conférence sur la lecture qu'il avait donnée jadis au Maroc, et l'affaire fut dans le sac. Cette fois, l'éditeur italien (il s'agissait de l'historien Ruggiero Romano) ne protesta point, non pas que le texte fût meilleur que celui qui l'avait fâché, mais parce qu'il s'était résigné à l'idée qu'il n'obtiendrait pas la signature de Roland sans celle des inconnus qu'il traînait derrière lui. De fait, je n'ai jamais consulté cette encyclopédie, jamais vu le volume en question, jamais lu notre texte traduit et imprimé, ni jamais fait figurer cet article dans ma bibliographie, pas plus que d'autres articles de dictionnaire non signés qu'il m'arriva de rédiger à cette époque pour des motifs alimentaires et qui resurgirent parfois sous mon nom des années plus tard. Non plus que ceux-ci, notre texte sur la lecture n'était indigne, mais il n'était pas non plus mémorable. *Lettura* ne fut pas une mauvaise action, mais tout de même l'une de ces actions dont je ne suis pas très fier, comme si j'avais participé à une tromperie sur la marchandise.

À New York, tout récemment, je dînais avec mon amie Laura et d'autres amis. La conversation tomba sur Racine. Laura, qui donnait avec une collègue un séminaire sur la tragédie, à la fois grecque et classique, me demanda ce qu'il fallait faire lire aux étudiants, auxquels elle s'était contentée pour le moment de recommander le petit livre de Roland. Je réagis plus vivement que je n'aurais dû, mais il est vrai que ce livre ne m'a jamais plu, qu'il m'a toujours semblé faux, aussi peu racinien que possible, peut-être le plus à côté de la plaque de tous ses livres. C'était une commande ; Roland a souvent écrit sur commande, comme pour ces malheureux articles de l'encyclopédie d'Einaudi. Rares furent ses livres qui ne répondirent pas à une commande, ou qui ne recueillirent pas des articles qui avaient fait l'objet de commandes. En vérité, je ne vois que le livre sur les figures du discours amoureux qui ne fût pas attendu. Même le dernier livre sur la photographie, pourtant si intime, avait été commandé.

La commande, le contrat le mettaient dans une situation paradoxale, ou même perverse. D'un côté, parce que le livre était escompté, il n'avait plus envie de l'écrire ; sa rédaction devenait une obligation, presque un pensum, et il s'en plaignait. Toutefois, d'un autre côté, la commande posait un défi stimulant, puisqu'il lui fallait trouver le moyen de faire le livre malgré elle, pour ainsi dire de la dévoyer. La petite autobiographie contrefait le protocole de la collection des « Écrivains de toujours » où elle prend place ; le livre sur la photographie, en dissimulant la photographie de sa mère qui le justifie et en virant au récit personnel, bafoue le genre du livre illustré. Les livres non sollicités de Roland sont des publications posthumes, comme ses fragments sur le Maroc, qu'il avait décidé de ne pas rendre publics, ou des volumes chimériques, comme son dernier projet de *Vita Nova* auquel les plans et le paquet de fiches dont nous avons hérité donnent l'allure d'un chef-d'œuvre inconnu.

L'ouvrage sur le discours amoureux fait bien exception : ni commandé, ni posthume, ni imaginaire, celui-là. Sa singularité voudrait-elle dire qu'il reste son livre essentiel ? Le livre qui s'est imposé à lui, qui lui est tombé dessus, comme l'amour vous tombe dessus ? Son livre nécessaire, le plus nécessaire ou le seul nécessaire ? Peut-être pas, car un livre commandé, je l'ai dit, peut être corrompu, comme encore le livre sur le Japon, qui mêle l'exotique et l'anecdotique, mais cela fait tout de même des figures du discours amoureux un livre unique. C'est la création de celui-là que j'ai suivie du plus près, assistant au séminaire qui l'a préparé, côtoyant Roland tandis qu'il le rédigeait et qu'il me tenait au courant de ses progrès.

Pour Racine, la commande venait d'un club du livre comme il y en avait dans les années 1950, afin de meubler les rayonnages de la nouvelle société de consommation, et Roland tire à la ligne. Les préfaces des tragédies les banalisent l'une après l'autre ; elles les racontent, les paraphrasent comme s'il s'agissait de faits divers ; elles en éliminent tout tragique. Titus n'aime plus Bérénice ; il cherche tout bêtement à se débarrasser d'une vieille maîtresse, et Rome a bon dos. Où est le Dieu caché ? Où manque la grâce ? J'ai souvent enseigné Racine, en France, aux États-Unis. Les étudiants ne demandaient qu'à ignorer le tragique, qui leur était étranger dans ce qu'il peut avoir de sublime, et les préfaces de Roland les y aidaient. Séduits, ils tombaient dans le panneau. Je les mettais en garde. Pour retrouver le sens du tragique, je leur faisais lire Thierry Maulnier comme antidote de Roland.

Quant à la première partie du livre portant sur l'œuvre entière, avec son équation réduisant tout le théâtre de Racine à une petite formule, dans son insistance sur sa sauvagerie primitive, elle me semblait réinventer la roue après quelques fameux critiques du tournant des XIXe et XXe siècles qui avaient déjà retrouvé la violence de Racine après un bon siècle romantique durant lequel on l'avait réduit à une dramaturgie versaillaise. À l'instar de Stendhal, on a longtemps débiné Racine pour exalter Shakespeare, mais tout a changé avec Lemaitre et Brunetière, et Racine est redevenu une brute. Quand Péguy insistait sur la cruauté de Racine et sur la perversion de ses jeunes filles, quand il comparait le souffle généreux des héros de Corneille et l'instinct mauvais des héroïnes de Racine, c'était bien plus troublant, plus fort que les considérations anthropologiques et psychanalytiques de Roland sur la « horde primitive ».

J'ai beaucoup aimé Roland, mais je n'ai jamais aimé son Racine et je ne le lui ai pas caché. Nous eûmes un jour une conversation où je lui dis à peu près ce que je viens d'écrire. Avant de le connaître, j'avais lu cet ouvrage sans qu'il me persuade et, par la suite, j'en suis ressorti encore un peu moins convaincu à chaque fois que je l'ai relu, si bien que je dois me demander quel parti j'aurais pris au milieu des années 1960, lors de la querelle déclenchée autour de ce livre par Raymond Picard, professeur à la Sorbonne, qui le dénonça dans la presse, puis dans un pamphlet à succès. Par fidélité à Racine et par admiration de la tragédie, il est bien concevable que je me fusse rangé du côté de Picard. Si j'avais eu quelques années de plus, je n'aurais donc pas été dans le camp de Roland, car son livre sur Racine m'aurait fâché.

Heureusement, j'étais un peu plus jeune ; son Racine ne fut pas le premier livre que je connus de lui. J'en lus d'autres qui me séduisirent, comme son recueil d'articles sur la littérature, et lorsque j'appris les propos qu'il tenait sur Racine, j'étais déjà acquis et je passai ce livre par profits et pertes.

On peut sûrement aimer quelqu'un sans aimer tous ses livres ; on peut aimer certains livres d'un ami, et moins d'autres. Je n'aime pas beaucoup non plus ce que Roland a écrit sur Sade, mais c'est parce que je n'ai pas de passion pour cet écrivain, qui soulevait une mode quand Roland s'est attelé à lui. Sade ne m'attire pas, parce que ni le mouvement de ses phrases ni ses images ne me semblent attester un fort sentiment de la langue. Je préfère de beaucoup son contemporain Joseph de Maistre, dont les idées sont non moins excessives, mais dont le sens poétique me paraît grandement supérieur. Baudelaire se réclamait des deux, de Sade pour les idées sur l'homme naturel, c'est-à-dire abominable, mais de De Maistre pour l'essentiel, pour la manière de raisonner, pour le culte du paradoxe, pour le style.

Quelques années plus tard, je fis la connaissance de Jacqueline Piatier, qui dirigeait « Le Monde des livres » et qui aurait bien vu que j'y collabore (elle avait voulu me rencontrer après que son mari, le directeur des études à Polytechnique quand j'y étais élève, lui avait parlé de moi, et je lui rendis visite dans un grand appartement sombre tout en bas du boulevard Saint-Germain, avec une suspension dans le salon qui ressemblait à ses chapeaux). Cela ne plut pas trop à Roland, qui me fit part de son mécontentement quand je lui relatai l'entrevue. Il gardait une dent contre tous ceux qui ne l'avaient pas soutenu dans sa polémique avec Picard. *Le Monde* s'était résolument engagé aux côtés de son adversaire après avoir publié son premier article contre Roland. Le « quotidien du soir » s'était bien rattrapé par la suite, couvrant généreusement toutes ses publications, y compris son dernier livre sur le discours amoureux, mais il ne pouvait pas pardonner à ses censeurs du milieu des années 1960, moment où il atteignait enfin une position littéraire et sociale à peu près solide, acquérait quelque notoriété, et où l'on chercha à le rabaisser. Piatier avait hurlé avec les loups ; la rancune de Roland ne fléchit jamais.

Ma collaboration au « Monde des livres » capota pour d'autres raisons que sa réprobation (je n'étais pas doué pour l'article de presse), mais ce fut à cette occasion que je pus lui dire que son Racine n'était pas le livre de lui que je préférais. Je pense que je me contentai d'exprimer ma réticence sous cette forme bénigne. Plus tard, après la mort de Roland, je connus Mme Picard, la veuve de Raymond Picard, femme charmante, élégante, accueillante, qui suivait nos séminaires d'histoire de la rhétorique, sous la direction de Marc Fumaroli. Elle nous recevait dans son appartement de la rue du Pré-aux-Clercs (juste derrière l'École des Ponts et Chaussées et tout près de chez mon ami Giovanni, trop tôt disparu). Je passais les yeux sur la bibliothèque à la recherche des livres de Roland, je me sentais vaguement coupable de fréquenter des lieux où l'on avait manigancé contre lui, et je me gardai d'interroger la veuve Picard sur ses souvenirs de cette période.

Justement, je reviens cette fois d'un déjeuner avec Marc. Nous avons longuement parlé de Roland. C'est lui qui a mis la conversation sur le sujet, parce qu'il venait de recevoir un gros livre sur Roland, sa biographie par Tiphaine Samoyault tout juste parue. Je savais qu'il avait connu Roland à cette époque-là, celle de la querelle, par l'intermédiaire de Robert Mauzi. Il avait assisté au séminaire de Roland sur l'ancienne rhétorique, mais j'ignorais qu'ils s'étaient autant vus, plusieurs soirs par semaine au début de ces années 1960. Marc, qui avait une voiture, les retrouvait après dîner à Saint-Germain-des-Prés et faisait le taxi, les conduisait à Pigalle où il les déposait, car ils y avaient leurs habitudes. J'imagine que celles-ci les ramenaient à La Nuit, au coin de l'impasse Guelma, ce bar doublé d'une maison de rendez-vous que j'ai encore connu, mais où je ne suis jamais entré et qui a disparu depuis longtemps. Lors de la polémique, Marc, qui devait succéder à Picard à la Sorbonne, se tint sur la réserve. Roland et Picard se connaissaient, me rappelle-t-il, détail que j'avais déjà entendu ; Picard, dont Jean Paulhan avait publié un roman après la guerre, n'était pas le sorbonnard type. Marc s'était gardé de lui apprendre qu'il fréquentait régulièrement Roland. Celui-ci, ajoute-t-il, était un homme triste, mais sa notoriété le libéra, tandis que Picard avait un fond de méchanceté ; il traitait mal sa femme, nettement plus jeune que lui. Je repense à sa superbe édition de *Manon Lescaut*, établie avec Frédéric Deloffre, qui me fut si hostile lorsque, juste après la mort de Roland, je prétendis à un poste à l'université. Picard n'aurait pas été plus bienveillant à mon égard, comme ce membre de l'Institut qui m'écrivit que je n'aurais pas sa voix, puisque j'avais été un proche de Roland.

Si je devais jouer à « J'aime » et « Je n'aime pas » avec les livres de Roland, où ce divertissement nous mènerait-il ? J'ai mentionné ma prédilection pour ses articles de critique littéraire, sur La Bruyère ou La Rochefoucauld, Stendhal, Chateaubriand ou Loti ; j'ajouterai sa présentation illustrée de Michelet et sa sociologie de la petite bourgeoisie de l'après-guerre ; puis, bien plus tard, je l'ai dit, son autoportrait, dans la même collection que le Michelet, paru alors que j'assistais au séminaire, quelques mois après que j'avais fait sa connaissance ; ou le dernier livre sur la photographie, reçu quelques jours avant l'accident dont il ne se remit pas, et dont j'avais suivi la confection.

D'autres livres me laissent plus hésitant, à commencer par le premier, où la notion d'écriture, insérée entre langue et style, garde quelque chose d'artificiel ou de flou. J'ai fait plus grand cas des notations sur le Japon avant de connaître le Japon. Le livre sur le discours amoureux, lorsque je l'ai repris l'automne dernier, pour la première fois, m'a paru tourner autour de choses importantes sans oser les nommer. Le morcellement des figures, qui m'avait convaincu à l'époque, quand j'assistais au séminaire, puis que je suivais les progrès du livre, m'apparaît à présent comme une tactique d'évitement. Sur le moment, d'ailleurs, étais-je en mesure de lire ces pages convenablement, alors que je connaissais et reconnaissais les personnes que Roland dissimulait sous l'arbitraire de l'alphabet ? Ne faut-il pas s'abandonner au récit, perdre le contrôle de l'intrigue, assumer sa propre bêtise, pour parler vraiment de l'amour ?

Et j'en reviens au petit Roland, décidément mon livre préféré.

Son amour pour Sade était-il authentique ou bien suivit-il une mode quand il écrivit sur lui ? Ses deux essais sur Sade relèvent de la taxinomie plus que de la critique. Le structuralisme permettait de parler d'une œuvre sans empathie, du dehors, comme Roland le fit avec Sade et sans doute aussi avec Racine. Ayant mauvaise conscience d'avoir trop vite dénigré Sade alors que plusieurs de mes amis sont d'éminents sadiens, je viens de relire *Justine*, qui ne m'a pas fait changer d'avis. Durant une conversation à bâtons rompus, j'ai un jour entendu Jean Starobinski avouer qu'il n'avait jamais trouvé chez Sade une page méritant une explication de texte. Et Roland ? L'explication de texte n'était pas son genre.

Il détesta en tout cas *Les 120 Journées de Sodome*, du moins dans la version de Pasolini. Une fin d'après-midi, je vis le film avec lui dans une petite salle de projection privée d'un rez-de-chaussée de l'une des avenues qui partent de l'Étoile, l'avenue Hoche ou une autre. Enfoncés dans de grands fauteuils club, l'ennui nous gagna. Nous nous esquivâmes aussitôt la séance terminée, dînâmes dans le coin, près de la salle Pleyel. Pasolini venait d'être assassiné. Roland s'était engagé à écrire un article. Si mes souvenirs sont bons, il s'en tira par une pirouette : le film était deux fois raté, avança-t-il, puisqu'il matérialisait les fantasmes de Sade et qu'il allégorisait le fascisme ; pourtant, malgré ce double contresens, comme l'échec de ce film le rendait « irrécupérable », il était donc sadien. Baudelaire, comme Roland ne l'ignorait pas, avait mis en garde contre les sophismes de ce genre en rappelant que, si le beau est toujours bizarre, le bizarre n'est pas toujours beau ; Roland savait parfaitement ce qu'il faisait : en l'occurrence, il n'était pas question pour lui de se désolidariser de Pasolini.

Toujours sous la canicule, qui se prolongea dans le mois de juillet, je rendis visite à Roland chez lui dans le Sud-Ouest. Là encore, j'avais à peu près tout oublié de ce séjour, mais les lettres confiées à Éric le reconstituent. Roland avait quitté Paris dès le mois de juin et il ne devait pas revenir avant le mois de septembre, la seule interruption prévue dans sa longue villégiature estivale étant le voyage à Bayreuth où j'avais refusé de l'accompagner. Là-bas, il mettait au point son livre sur le discours amoureux. Ses lettres témoignent de ses progrès dans la rédaction, des obstacles qu'il rencontre, des doutes qui le traversent. Ce que j'apprenais de lui, c'était que les livres déjà faits ne donnent nulle assurance pour le suivant. Seul chaque matin devant son manuscrit, Roland était aussi indécis que moi face à ma thèse ; comme moi, il se demandait si la chose aboutirait jamais. Son expérience, sa célébrité grandissante lui donnaient de l'aplomb en public, dans les entretiens, à la radio ou à la télévision, où il reprenait des propos déjà rodés par écrit, mais il se retrouvait aussi démuni et vulnérable que n'importe qui devant le nouveau livre. La méthode de travail qu'il avait mise au point peu à peu prévenait toutefois la panne : il prenait tout le temps des notes dans son carnet ; remonté chez lui, il reportait ses notes sur des fiches ; il classait et reclassait ses fiches jusqu'à trouver le bon ordre ; puis il rédigeait son manuscrit autour de ses fiches. Ce fut là-bas que je perçus le mieux sa discipline. J'ignore la teneur des encouragements que je lui adressais dans mes lettres, puisque je répondais aux siennes où il se plaignait et que je devais bien exprimer quelque chose pour le réconforter, mais c'était moi qui prenais de la graine en le regardant au travail.

Mon voyage eut lieu un jour de très grande chaleur dans un train bondé. Il fait partie de ces souvenirs qui, sans que l'on sache pourquoi, restent imprimés à même la peau, emmagasinés dans le corps, lequel est toujours prêt à réveiller l'ancienne sensation : je me souviens d'un trajet en chemin de fer entre Paris et Bayonne par un jour de canicule ; rien à dire de plus, sinon décrire les perceptions au plus près, comme le désagrément des sièges recouverts de similicuir ou de skaï sur lesquels les cuisses collaient à travers le pantalon. À l'époque, les hommes, plus discrets qu'aujourd'hui, ne se promenaient pas aussi couramment en short (dans son autoportrait, Roland a inclus une photo de lui qui m'a toujours réjoui ; en culotte courte, il écrit à une table ronde en fumant un havane ; cette photo, prise par Youssef à Juan-les-Pins chez Daniel Cordier en 1974, tandis que Roland travaillait au livre même qui la reproduit, l'amusait sûrement lui aussi par plusieurs clins d'œil).

Roland, qui s'impatientait de ma venue, m'attendait avec sa Volkswagen rouge à la gare de Bayonne. Nous dînâmes en ville avant de rejoindre Urt. Là, se trouvaient sa mère, son frère et sa belle-sœur. J'y restai quelques jours, lisant, travaillant, m'ennuyant un peu. Roland s'isolait dans son bureau le matin ; nous déjeunions tous ensemble, mais je crois bien que nous sortîmes tous les soirs, lui et moi, allant çà et là pour dîner dans les environs, au loin du cercle maternel. Je ne revois plus bien la chambre où je logeais à l'étage, mieux la salle à manger toujours dans la pénombre, les volets clos pour éconduire la chaleur, et le bureau de Roland au rez-de-chaussée, dans cette maison où je suis retourné une seule fois par la suite, le jour de son enterrement. Ce fut le dernier été valide de sa mère, qui m'accueillit avec bienveillance. Je n'étais pas le premier jeune homme qu'elle recevait de la sorte, en tout bien tout honneur, ni le dernier. Elle écossait les haricots en regardant les nouvelles à la télévision : jeux Olympiques, Tour de France, casse à Nice. Un midi que Michel et Rachel s'étaient absentés, elle nous prépara une omelette à la piperade. Ce fut le moment le plus détendu de mon séjour, car la cohabitation des deux femmes semblait délicate, notamment en matière culinaire. La mère de Roland préférait avoir ses fils tout pour elle, quitte à faire une exception pour les jeunes amis de Roland.

Un après-midi, nous nous rendîmes à une corrida, aux arènes de Bayonne ou peut-être à Dax (il me faudrait faire des recherches dans un vieil agenda pour le vérifier, mais cela n'en vaut pas la peine). Sachant que j'étais amateur de tauromachie, Roland avait prévu cette sortie, l'unique distraction de ces quelques jours (son attachement au Sud-Ouest n'excluait aucune tradition). Au demeurant, j'assistai à son travail. Ce fut la seule occasion où je partageai sa vie quotidienne et où je le vis à l'œuvre, en bleu de travail et en espadrilles (jamais en short). Il avançait dans ses figures, en prévoyait alors une centaine.

Je revins à Paris ; nous nous donnâmes rendez-vous quand Roland y passa en chemin vers Bayreuth. Puis il replongea dans son manuscrit, fonça dans la dactylographie. Durant les deux années dont ma visite à

Urt marqua le mitan, c'est là que nous fûmes le plus proches. Roland me tenait au courant de ses progrès dans la rédaction de son livre. Je les suivais alors pas à pas, ce qui m'incitait à la même discipline, me poussait au travail, et ma thèse avançait. Du livre sur la photographie, plus tard, nous parlâmes beaucoup, mais je ne le vis pas travailler d'aussi près. Il me tint au courant du découragement qu'il éprouva en cours de route, sorte de panne qui lui fit presque abandonner le projet, avant qu'il ne décidât d'organiser le volume autour de la photographie absente de sa mère enfant. Jusque-là, il restait insatisfait, tirait à la ligne, ressassait des notions élaborées au temps de la sémiologie de l'image, alors qu'il n'en était plus du tout là.

Une petite bande virevoltait autour de Roland, un peu comme la bande des jeunes filles en fleurs à Balbec, mais sans l'Albertine au polo, ou peut-être comme le clan des Verdurin, plus cancanier. Son disciple préféré était alors Jean-Louis, qu'il aurait pu désigner comme « le meilleur d'entre nous » s'il n'avait eu conscience qu'une telle appellation tenait toujours un peu de la malédiction. Jean-Louis arborait en permanence un sourire angélique ; il écrivait des textes précieux que Roland admirait. Le mystère l'entourait ; il semblait brûler d'un feu intérieur qui lui rendrait difficile de survivre à Roland, de rebondir dans le monde profane. Auprès de lui, son ami Youssef, toujours accueillant, chaleureux, diplomate, était devenu peu à peu l'intendant, le chargé d'affaires, le factotum de Roland, lui facilitant toutes les démarches dont il aurait été incapable, administrant ses loisirs aussi bien que son ordinaire. Roland se rebellait parfois contre cette tutelle, mais elle lui était devenue si indispensable depuis la mort de sa mère qu'il y consentait bientôt de nouveau. Chez Youssef, auprès de Jean-Louis, c'était là qu'il se sentait le mieux. Sans Youssef, il était perdu, et sans Roland, Jean-Louis serait perdu. Leur ami Paul, la tête perpétuellement rentrée dans les épaules, vous regardait par en bas et composait des poèmes. Ils partageaient un vaste appartement moderne vers la gare d'Austerlitz, où je me rendis quelquefois, mais tout en restant à la marge de cette petite société qui devenait la seconde famille de Roland.

On y voyait rarement l'autre Roland, pour lequel le premier Roland avait un faible. Ce second Roland m'était très sympathique, assez égaré lui aussi (mais nous l'étions tous plus ou moins), apparemment partagé entre différentes amours. Je l'ai revu plus tard, marié à Évelyne, qu'il avait connue au séminaire, et père de famille, toujours séduisant. Devenu psychiatre, il exerçait au Bapu, officine où mes étudiants de la Sorbonne allaient le consulter quand ils avaient besoin d'une aide psychologique. Ce fut après avoir reçu l'un d'eux qu'il reprit contact avec moi ; nous nous revîmes, puis nous perdîmes de vue à nouveau (Roland, après plusieurs années, m'envoie tout à coup un message ; c'est pour m'annoncer la mort d'Évelyne, qui me bouleverse, comme si nous étions rattrapés par le Temps, avec sa grande hotte).

Dans un deuxième cercle, mais les recoupements étaient possibles, et, comme je me tenais à l'écart, je puis être approximatif dans mes signalements, on trouvait des individus aussi remarquables que Renaud Camus ou encore André Téchiné. Renaud Camus publiait alors des romans ambitieux, assez compliqués, ésotériques, où il jouait avec des citations et des répétitions à la manière du nouveau roman élevé en textualité, mais il écrivait déjà avec beaucoup d'élégance et de tranchant.

Je me rappelle une occasion où tout ce monde se retrouva dans un appartement du bas de la rue du Bac, ou du moins est-ce là que je le situe, chez Renaud Camus ou plus probablement chez Téchiné (je les relie tous deux à la rue du Bac, sans être assuré que j'aie raison). La soirée en question eut vraisemblablement lieu un peu plus tard, peut-être à l'occasion de la sortie du film de Téchiné sur *Les Sœurs Brontë*, où Roland avait joué le rôle de Thackeray. Ce soir de la rue du Bac, j'eus d'abord une conversation avec Marie-France Pisier, l'une des sœurs Brontë, femme remarquable, dont l'absurde mort m'a touché. Je fis aussi une belle gaffe avec Isabelle Adjani, une autre des sœurs, que j'invitai à danser sans l'avoir reconnue, soit que l'obscurité des lieux, soit que ma niaiserie fût la cause de cette bévue (je l'avais pourtant admirée naguère dans *La Maison de Bernarda Alba* à la Comédie-Française). Entre deux entrechats, je lui demandai ce qu'elle faisait dans la vie, question qui jeta un froid, la fit me juger comme un rustre et brisa dans l'œuf notre accointance.

Éric, lui, était plus jeune. Roland lui avait recommandé de suivre le cours que je donnais à Jussieu et le séminaire que je tenais aux Hautes Études. C'est ainsi que je l'ai connu, avec deux amis, plus une amie épisodique, qui l'escortaient au cours et au séminaire. Il voyait lui aussi Roland de préférence en tête à tête, comme moi, mais je pense qu'il participait plus que moi aux raouts chez Youssef et Jean-Louis, si j'en juge par leur complicité à Cerisy, où ils logeaient ensemble dans le petit pavillon situé à l'entrée du domaine, auprès du potager.

Lorsque Roland ne fut plus là pour nous réunir, je cessai à peu près toutes relations avec les uns et les autres, sauf Éric. Nous restâmes proches ; il me succéda à Londres, où j'étais parti enseigner quelques mois après la mort de Roland, et nous nous entendons toujours. Jean-Louis, las de son existence cénobitique à Paris, exemple apparemment réussi de la petite communauté « idiorythmique » dont Roland rêvait dans sa première série de cours au Collège, s'exila un temps à Madagascar, où il se fit ermite, puis il revint en France et j'entendis parfois parler de lui par ses collègues de Nanterre, où il reparaissait parfois comme un farfadet. La dernière fois que je vis Youssef, ce fut au sommet de l'arche de la Défense, alors en construction. Il poursuivait une belle carrière de promoteur immobilier auprès de Robert Lion à la Caisse des dépôts et consignations. Là-haut, le vent soufflait fort, nous portions des casques de chantier. Quelqu'un prit une photo ; nous avions l'air content.

Ce matin à New York, j'apprends, en consultant le site du *Monde* au réveil, la mort de François Wahl. Voilà une autre constellation qui tournait autour de Roland et que j'ai pu croiser : François et Severo. François était toujours si sérieux. L'adjectif le plus juste pour le qualifier me vient spontanément en anglais : *earnest*, l'honnête François, le sérieux François, le pénétré François, le grave François. Je redoutais toujours ses déclarations, qui avaient l'allure de verdicts sans appel. Quand il prenait son air solennel pour vous dire vos vérités comme s'il allait vous passer un savon, l'envie vous prenait de vous carapater. Plus tard, il devint mon éditeur pour mes deux ou trois premiers livres et je tremblais devant lui, non pas qu'il me fît peur, mais parce que je savais d'avance qu'il aurait raison, que quoi qu'il dise il aurait raison et que je serais en défaut, que je n'aurais plus qu'à m'exécuter.

François avait mis au monde le monument des *Écrits* de Lacan, que nous lui devions, et il était plus professoral que le plus dogmatique des professeurs (après sa retraite, il produisit de doctes et épais traités de philosophie qui nous prouvèrent que l'édition, où il avait réussi une belle carrière, n'était peut-être pas sa vraie vocation). Rue Jacob, je montais l'escalier grinçant de sa soupente, située à l'étage du petit pavillon de la cour. Prévenu par le gémissement des marches, il vous attendait, là, immense derrière son bureau, tel Jupiter tonnant, le mégot aux lèvres. Quand il se levait, étendait ses grands bras et ses longues jambes qu'il ne savait pas où mettre, de sa tête il touchait presque le plafond de son grenier. Aussi se tenait-il toujours penché, et on avait l'impression qu'avec ses larges mains il allait vous malaxer. Il avait le visage couperosé, comme s'il revenait des champs (son sérieux était celui de François le Champi), mais il était toujours plongé dans les manuscrits ; les cendres de sa cigarette, qu'il oubliait de débiter, se répandaient sur ses papiers où il les balayait du revers de la main.

Roland avait avec lui des rapports encore plus embrouillés. Ils se connaissaient depuis très longtemps et, bien que Roland fût son aîné et un auteur de plus en plus reconnu, François le traitait comme un petit garçon irresponsable. Lorsque Roland lui soumettait un manuscrit, il était dans ses petits souliers en attendant le verdict de son éditeur, lequel avait toujours quelque chose à redire. Devant moi, Roland se plaignait de François ; il grommelait contre lui, mais il avait conscience de ce qu'il lui devait, car François incarnait, déclarait-il, son surmoi (s'il avait dit trop de sottises, François l'aurait censuré). Quand il me mit entre ses mains, il me conseilla de tenir tête si je n'étais pas d'accord, tout en concédant (je vois encore son sourire gamin) que toute résistance serait vaine.

Severo, lui, c'était tout le contraire. Son visage était rond, non anguleux, il se tenait droit, non voûté, il avait les bras courts, non dégingandés, et il riait sans arrêt, s'amusait de tout, ou paraissait s'amuser, car sa tristesse se devinait. Roland entre eux deux, comme sur une photographie où ils sont alignés à la terrasse d'un café, c'était à n'y rien comprendre.

Des années plus tard, arrivant à New York (Severo était encore de ce monde), je cherchais un coiffeur et m'arrêtai dans une petite échoppe de Broadway, vers la 106e rue. Le coiffeur, qui était cubain, me demanda d'où je venais ; je lui répondis que j'arrivais de Paris : « Connaissez-vous Severo Sarduy ? » repartit-il comme si cela allait de soi. Quelques répliques avaient peut-être été échangées entre-temps, mais je n'en suis pas sûr. Comme justement je connaissais Severo, « Vous lui direz bonjour en rentrant », poursuivit-il. Et maintenant François était mort lui aussi. Il m'avait publié, puis il avait quitté l'édition et je l'avais perdu de vue

Je me rappelle l'une de nos dernières conversations, il y a longtemps déjà, quand il travaillait encore rue Jacob, peut-être à propos de mon livre sur Proust. Il m'avait dit : « Il faudrait que tu nous fasses à présent un livre tout simple, que tu nous dises ce que tu penses de Proust ou de Montaigne, pourquoi tu les aimes, comment ils te touchent. » Cela ne ressemblait pas au François qui m'était familier, celui qui se perdait, ou me perdait, dans des raisonnements sophistiqués, mais il avait trouvé mon livre sur Montaigne et le nominalisme trop difficile et, s'il l'avait publié tout de même, il avait exprimé des réserves devant Michael Riffaterre, mon distingué collègue de New York, qui me les avait gentiment répétées.

J'étais encore trop jeune pour écrire des livres tout simples, j'avais besoin de me protéger, mais, ces derniers temps, quand je me suis mis à écrire pour tout le monde sur Montaigne ou sur Baudelaire, j'ai souvent repensé à François et je me suis dit que je faisais enfin ce qu'il aurait voulu.

Remontant Broadway, j'ai cherché la boutique du coiffeur qui avait eu Severo pour ami de jeunesse à

Cuba (ou pour amant, avais-je pensé, à la façon dont il m'avait parlé de lui), mais je ne l'ai plus trouvée. Son magasin avait fermé depuis longtemps.

À Cerisy, il avait été décidé que nous ne parlerions pas tout de go de Roland, mais indirectement, allégoriquement, avec subtilité (encore débutants, nous voulions nous donner l'air intelligent). Je ne sais plus qui avait fixé cette règle du jeu ni comment cette formule était sortie de nos délibérations ; j'ai tout de même l'impression que l'idée vint plutôt de moi et que Roland y consentit, par discrétion ou pudeur. Il aurait été trop convenu de commenter son œuvre devant lui ; cela aurait senti l'école. D'ailleurs, il avait sans doute peu envie de nous entendre disserter sur sa production passée et encore moins sur la récente.

Pour ma part, je ferais donc un détour par les *Essais* de Montaigne, dans lequel j'étais plongé pour ma thèse ; je parlerais de Roland par allusion, en filant une analogie assez arbitraire, puisque Roland n'avait jamais rien écrit sur les *Essais*. Sous un titre pourtant suggestif, « L'imposture », je prendrais prétexte des doutes de Montaigne sur ses capacités, sur sa mémoire, son jugement, son autorité, et sur son entreprise d'autoportrait, pour évoquer le tempérament de Roland dans une sorte d'éloge paradoxal de l'imposteur.

Maintenant, après avoir mentionné la querelle de Roland avec Raymond Picard et exposé son ancienne rancune contre *Le Monde* et Jacqueline Piatier (animosité que j'appris toutefois plus tard), je me fais pour la première fois la réflexion que mon procédé ne lui fut peut-être pas agréable, puisque je reprenais le terme même de l'accusation de Picard contre lui dans *Nouvelle critique ou nouvelle imposture*. Rappeler cette affaire n'était sans doute pas des plus délicat. Se peut-il que, sans m'en rendre compte, je me sois vengé ainsi de la charge qu'était devenu ce colloque ? Roland ne me fit en tout cas pas la moindre remarque. J'ignorais aussi, en l'associant à Montaigne, que son père avait été tué dans la Manche en commandant un chalutier converti en patrouilleur et que ce navire s'appelait le *Montaigne*, drôle de nom pour un bateau de pêche. L'inconscience dans le mal, comme l'écrivait Baudelaire, est la preuve de notre nature corrompue.

Nous logions dans la même aile du château, Roland au fond du couloir, dans la grande chambre qui était d'habitude, je crois, celle de Mme Heurgon, et moi, à droite du couloir, dans une chambre qui donnait elle aussi sur la terrasse. La semaine fut éprouvante. Je dormais peu, me levais tôt, prenais la voiture et roulais dans les environs à la recherche d'un café de village, m'y posais et lisais le journal en attendant le petit déjeuner, servi trop tardivement au château. Cet intervalle de recueillement était précieux avant de démarrer la journée. Lorsque je suis revenu à Cerisy il y a trois ans pour célébrer Proust, j'ai voulu reproduire ce rituel. Après trente-cinq ans, cependant, plus un seul café n'était ouvert à sept heures du matin dans le département de la Manche, qui n'est plus peuplé de travailleurs habitués à commencer la journée par un café-calva, mais habité par des retraités qui ont tout leur temps et nulle raison de se lever avec les poules.

L'un de ces petits matins, j'embarquai Roland. Nous nous rendîmes au café qui se trouvait jadis à l'autre bout du village, sur la route du Pont-Brocard (aujourd'hui un Shopi ou un Carrefour Contact, à la porte close duquel je me heurtai lors de mon dernier séjour), pour une conversation sérieuse. En arrivant à Cerisy, je lui avais confié la première version de ma thèse, que je venais de dactylographier sur sa grosse Olivetti ; j'étais très impatient de sa réaction. Elle fut encourageante, emballée même. Roland se montra convaincu, mais il en aurait fallu beaucoup plus pour me rassurer. Je venais de donner une communication sur l'imposture (la mienne surtout, qui me préoccupait bien plus que celle de Montaigne ou celle que Picard avait reprochée à Roland), et ce sentiment-là l'emporta désormais pour de bon. Sur ce, nous reprîmes la route du château pour retrouver nos camarades au réfectoire. Ils plongeaient leurs tartines grillées dans leur café au lait. J'avais connu trop d'années d'internat dans mon adolescence pour prendre encore plaisir à la vie de groupe. C'est pourquoi les promenades matutinales m'étaient aussi indispensables que les prières des dévots.

Il y eut une récréation au milieu du colloque de Cerisy, un après-midi de quartier libre. Après le déjeuner, nous prîmes la route dans plusieurs voitures en direction de Granville. Roland s'assit à ma droite dans ma Renault 4 ; à l'arrière, se trouvaient Contardo et peut-être Évelyne, dite Adé. Là-bas, nous déambulâmes dans le port, prîmes un café, rejouâmes les *vitelloni*. Pour tuer le temps, nous nous perdîmes dans un spacieux magasin d'articles de marine, de matériel pour la pêche et l'accastillage, ainsi que de vêtements marins à profusion pour les professionnels et les plaisanciers, sorte de Comptoir maritime fort bien approvisionné. Roland essaya un caban, se laissa tenter, l'acheta bien que ce ne fût pas de saison, même dans le bocage normand ; d'autres firent l'emplette de casquettes ornées d'une ancre. Je le revois engoncé dans son caban qui ne lui allait pas trop, avait des manches un peu courtes et rebiquait aux épaules. Parfois à Paris par la suite, il portait cet inconfortable manteau de grosse laine bleue lorsque nous nous retrouvions pour dîner.

Il me semble qu'il mentionne ce vêtement quelque part, la lubie qui le lui fit acheter alors qu'il n'en avait nul besoin ni envie, par cette sorte de boulimie qui le jetait sur la nourriture sans qu'il eût faim, mais je viens de chercher en vain. J'ignorais à l'époque qu'il était né dans une famille de marins, qu'un de ses grands-oncles s'était engagé dans la Royale en 1829 et avait fini capitaine de vaisseau, que les trois fils de cet oncle étaient devenus capitaine de frégate, capitaine de vaisseau et contre-amiral, que deux de ces officiers commandaient des bâtiments dans l'Atlantique et en Méditerranée au moment de la disparition du père de Roland, qu'un de ses cousins était encore contre-amiral. L'engagement de son père dans la Marine nationale, puis dans la marine marchande, n'eut donc rien d'un caprice de jeune homme, mais se conformait à la vocation d'une dynastie qui avait abandonné le notariat à Saint-Félix-de-Caraman depuis plusieurs générations et s'était enracinée à Brest et à Toulon. Roland, au-delà de sa mère, ne parlait jamais de sa famille, mais le caban, si son acquisition avait été une boulette, ne témoignait pas moins de sa fidélité.

Le soir, nous partageâmes de grands plateaux de fruits de mer à la terrasse d'un petit port, Blainville ou Coutainville, en tout cas un toponyme qui se terminait par *ville*, et l'un des convives fit son Brichot, nous donna une leçon d'étymologie. Comme nous étions assez nombreux, le service fut lent. Roland s'ennuyait ; il était pressé de rentrer pour appeler sa mère. Une fois de retour au château, Contardo m'accusa en riant d'avoir brûlé un stop à un carrefour perdu en campagne. Je ne puis affirmer que ce fut le cas, puisqu'il ne me le signala pas sur le moment. Il se moqua de moi, prétendit que Roland, assis à la place du mort, avait tressailli, mais lui aussi s'était tu. Je ne saurai donc jamais si j'ai vraiment mis sa vie en danger.

Dans des « Réponses » qu'il donna à *Tel Quel* en 1971, Roland situait vite les origines de sa famille à Mazamet, dans le Tarn. Il se trompait. Les Barthes furent notaires à Saint-Félix de père en fils sous l'Ancien Régime. Un aïeul y fut maire sous la Terreur, durant laquelle le bourg prit le nom laïc de Bellevue, puis adjoint durant plusieurs décennies. Son fils cadet lui succéda dans sa charge et à la mairie, tandis que l'aîné, celui qui avait fait Polytechnique sous l'Empire, combattit dans la

Grande Armée et se retira comme capitaine du génie à Toulouse, et que le benjamin s'engagea dans la Marine sous la Restauration. En 1977, dans un entretien de France Culture (avec Jean-Marie Benoist et Bernard-Henri Lévy, signe de sa familiarité avec les nouveaux philosophes), Roland place désormais sans erreur le berceau de sa famille à Saint-Félix-de-Caraman, dans la Haute-Garonne, devenu Saint-Félix-Lauragais au XXe siècle, et il signale qu'il s'y est rendu récemment pour la première fois. Quelqu'un lui aurait appris un peu de l'histoire de ses ancêtres entre-temps, peut-être à la suite de son autobiographie, ou bien il aurait repris contact avec sa famille à la mort de son cousin amiral en 1974.

Sur des feuillets où il a jeté quelques grandes dates de sa vie en préparation de son autobiographie, Roland se trompe sur le jour de la mort de son père lors du torpillage du chalutier *Montaigne* ; il donne encore une autre date, elle aussi erronée, dans la courte chronologie figurant en annexe du livre. Les faits de la geste familiale l'intéressaient manifestement peu, à la différence des images, telles les photographies voilées qu'il reproduisit au début du livre. Son grand-père mourut à Bayonne en août 1926, quand il avait près de onze ans. Le caveau familial, où il fut enterré à Saint-Pierre-d'Irube, et où sa femme et sa fille le rejoignirent, la grand-mère et la tante de Roland, ne fut pas entretenu et il a aujourd'hui disparu. Le grand-père de Roland mourut tout juste quand la mère de Roland tomba enceinte du frère de Roland ; suivant sa nécrologie dans *Le Courrier de Bayonne*, après la mort de son fils il avait « reporté toute son affection sur son petit-fils désormais unique espoir de la famille ». Une fois installé à Paris, Roland raconte qu'il retourna à Bayonne pour toutes les vacances scolaires, mais on dirait qu'avec sa mère il renia dès lors la famille de son père comme celle de sa mère.

Si je préférais voir Roland seul à seul, c'était pour avoir toute liberté de m'entretenir avec lui, de le questionner sur son travail (il en parlait volontiers) et de lui raconter le mien. Comme les ménagères qui préparent soigneusement leur marché, il sortait son petit carnet, y jetait quelques notes afin de ne rien oublier d'important. Nous différions sur ce point. Au cours d'une conversation, d'une lecture ou d'une insomnie, j'aime bien ranger quelque chose dans ma mémoire pour plus tard. Si la chose se perd, c'est qu'elle ne méritait pas d'être consignée ; l'oubli faisait partie de son destin. Elle reviendra si elle valait la peine. L'effort pour retrouver une idée, un mot ou une image qui n'ont pas été relevés par écrit sur le moment et que l'on a, comme on dit, sur le bout de la langue, s'il peut être parfois irritant, fait reparcourir le cheminement d'une pensée, et il est toujours payant, même s'il n'aboutit pas. Roland ne voulait pas de ce risque. « En écrivant ma pensée, disait Pascal, elle m'échappe quelquefois ; mais cela me fait souvenir de ma faiblesse, que j'oublie à toute heure ; ce qui m'instruit autant que ma pensée oubliée, car je ne tends qu'à connaître mon néant. » Si les trous de sa mémoire rappelaient opportunément à Pascal la misère de l'homme, ils continuaient pourtant de le soucier, puisqu'il s'en tire ailleurs par une élégante pirouette : « Pensée échappée je la voulais écrire ; j'écris au lieu qu'elle m'est échappée. » Roland cite cette fusée (plusieurs fois même, apparemment), car c'est un très bel exemple de la nouvelle discipline qu'il avait inventée, la *bathmologie*, ou l'« étude des échelonnements de langage », selon l'un de ses plus jolis néologismes. Toutefois ses carnets, ses fiches, son agenda rempli non avant les rendez-vous, pour se souvenir de s'y rendre, mais de retour chez lui, pour en garder la trace, évoquent la pratique de l'examen de conscience recommandé par la religion protestante, foi dans laquelle sa mère l'avait élevé, plutôt que la certitude janséniste de notre petitesse, confirmée par les défaillances de notre mémoire. Roland thésaurisait ; pour écrire, il piochait dans son grand fichier. Quelques-uns des séminaristes (nous les enviions) avaient été embauchés pour le reclasser. Je n'enregistrais rien sur-le-champ, mais je prélève à présent dans ses lettres de quoi parler de ce temps-là comme si elles étaient des fiches qu'il m'avait laissées.

Une autre raison de nos tête-à-tête tenait à ma jalousie d'indépendance. Roland avait sa cour, telle une seconde famille de plus en plus possessive après la mort de sa mère. Cet homme n'avait jamais vécu seul, jamais pris un repas seul, n'ayant eu jusque-là qu'à ouvrir la trappe de son bureau pour descendre déjeuner chez sa mère. Un entourage lui était indispensable ; et pourtant, à la tablée qui avait été réunie pour le distraire, il prenait le plus souvent l'air absent, semblait lointain, préoccupé ; il parlait peu et se retirait le premier, au risque d'indisposer ses hôtes et ses convives qui cancanaient après son départ. Roland était un solitaire qui ne pouvait pas se passer de compagnie (ou de divertissement, ce qui rappelle aussi Pascal), à moins qu'il ne fût un mondain qui ne supportait pas la foule (mais c'est peut-être la même chose). Sur tout cela, il avait bien entendu réfléchi, se demandant durant sa première année de cours au Collège, les derniers mois de vie avec sa mère, et enfin seul avec elle depuis qu'ils étaient descendus au deuxième étage, « Comment vivre ensemble », c'est-à-dire quelle vie, à la fois célibataire et grégaire, imaginer pour quand il serait définitivement orphelin.

Il m'eût volontiers associé au petit cercle de ses fidèles, mais ce fut moi qui refusai de m'y incorporer. Nul ne savait quand nous nous voyions. Je me défilais donc en général. Cerisy avait été une grosse exception – une semaine de vie les uns sur les autres –, mais j'y étais investi d'une fonction, j'y jouais (bien mal) un rôle. Le reste du temps, je ne me montrais pas.

Un jour, Roland me proposa de dîner avec Philippe Sollers et Julia Kristeva, qu'il devait voir un soir prochain. Cela leur aurait fait plaisir, avançait-il, et lui, cela l'aurait amusé, parce que Julia dirigeait ma thèse. Je dus lui expliquer que si je m'étais adressé à elle, et non pas à lui, pour la direction de mes travaux, c'était justement parce que je ne la connaissais pas personnellement, que nous n'étions pas liés. Roland fit mine de ne pas comprendre. Le mélange des genres ne le dérangeait pas autant que moi et il n'aurait rien eu, conclut-il, contre le fait de diriger ma thèse, dont il fut d'ailleurs le premier lecteur.

Plus tard, bien après la mort de Roland, Julia me demanda, à une époque où nos rapports s'étaient détériorés (ils se sont arrangés depuis), pourquoi je l'avais choisie comme directrice. La réponse la plus sincère aurait été celle que je viens d'esquisser.

Lors de la soutenance dans un sous-sol de Jussieu, Roland arriva en retard et s'assit au dernier rang, à côté de mon ami Alain. C'était à peine un mois après la mort de sa mère, alors qu'il allait au plus mal et le notait d'un mot de tragédienne dans son journal : « À jamais. » Il surmonta son chagrin pour m'encourager de sa présence, sacrifiant aussi une matinée de travail ; je lui fus reconnaissant de cela. Dans le jury, cependant, je ne crois pas que Julia et Gérard Genette fussent trop heureux de le voir, derrière moi, au fond de la salle comme un cancre, ne les écoutant pas (ostensiblement, me répéta ensuite Alain) lorsqu'ils s'adressaient à moi et rudoyaient le candidat, comme le veut l'usage et comme Genette, strict sur les règles, ne se priva pas de le faire. Des tensions qui ne me concernaient pas paraissaient en jeu, sur lesquelles Roland m'éclaira lorsque nous commentâmes la cérémonie par la suite.

Ce jour-là, mon père s'était déplacé lui aussi. Je ne pense pas qu'il ait vu d'un très bon œil que je gaspille de sérieux diplômes pour soutenir une inconséquente thèse de lettres, mais il avait fait le voyage par affection et sans doute curiosité (il habitait alors la province). Arrivé à l'heure, il ne s'était pas avancé jusqu'aux premiers rangs, se comportant avec discrétion ou bien avec gêne dans un milieu qui lui était étranger. Je leur tournais le dos, mais je sentais leur regard posé sur moi ; leur vigilance pesait sur ma conscience.

Comme Roland, mon père était né pendant la Première Guerre mondiale ; sa naissance avait eu lieu le jour même (le bon, c'est-à-dire le mauvais) de la mort du père de Roland. Ces deux hommes, je n'y avais jamais pensé, étaient des contemporains ; ils avaient été conçus en pleine guerre, avec foi dans l'avenir, dans la victoire. Le père de Roland disparut avec le bâtiment qu'il commandait. Dans les lettres qu'ils écrivirent à sa veuve, ses supérieurs l'assuraient qu'il était bien mort et non seulement blessé lorsque le navire coula, et ils s'excusaient de n'avoir pas de corps à lui rendre. Il n'y aurait pas de tombe où se recueillir, concluaient-ils pour la consoler. Le nom du père de Roland est gravé en lettres dorées sur le monument aux morts de Bayonne, inauguré le 11 novembre 1924. Ce fut en novembre 1924 que la mère de Roland quitta Bayonne, où elle résidait auprès des parents de son mari, pour refaire sa vie à Paris avec son fils.

Roland et mon père avaient le même âge, mais mon père a « enterré » Roland, au sens où le duc de Guermantes dit à Swann : « Vous nous enterrerez tous ! » Mon père a vécu trente ans de plus, laps de temps considérable, long d'une génération, dont la durée rend tangible le fait que Roland mourut très jeune. Par une autre coïncidence qui me frappe soudain, il mourut juste à l'âge que je viens d'atteindre ; j'ai aujourd'hui l'âge auquel Roland est mort, sottement mort, ce qui m'étonne autant que quand il s'écrie devant la photographie d'un frère de Napoléon : « Je vois les yeux qui ont vu l'empereur. » Le fait est là, mais je ne m'y fais pas. Si j'ai tant de mal à me le mettre dans la tête, c'est que je voyais Roland comme un homme âgé : il avait trente-cinq ans de plus que moi et il se plaignait toujours de divers maux qu'il attribuait à son âge. Il se peut aussi que je vive encore dans l'illusion que ma propre mort soit une chose abstraite.

Roland, déjà à Cerisy, peut-être même avant, dès que je l'ai connu, montrait son âge, faisait son âge, jouait son âge, en remettait sur ses fatigues, sur ses petits ennuis de santé, migraines, nausées ou courbatures. Je me moquais de lui, gentiment, comme on plaisante un hypocondriaque, quand nous passions devant la pharmacie de la rue Bonaparte où ses stations étaient quotidiennes. Après son séjour à Bayreuth, rare excursion de ces années-là (il voyagea à nouveau après la mort de sa mère, un peu, en Tunisie, au Maroc, sans joie), il m'écrivit qu'il était rentré à Urt très fatigué et en mauvaise santé, que dès le lendemain il avait été pris de violentes douleurs au dos, à la hauteur des reins (qu'il écrivait avec un *h*, comme rhumatisme ou *Rheingold*), maux d'origine mécanique, selon son médecin, un ami qui l'accompagnait dans des duos pour piano et violon. Il se trouvait immobilisé dans son lit, abruti par une sorte de puissante aspirine, et il écrivait avec peine, sa graphie était déformée par sa position couchée. Son attention aux états de son corps me paraissait exagérée. J'ai pu le lui montrer, pour le regretter plus tard, m'en vouloir de mes intransigeances après avoir compris qu'il était mort de son ancienne tuberculose.

Il s'éclipsa dès la soutenance terminée ; mon père fit de même. Ils se croisèrent cette seule fois, sans s'adresser la parole, sans se reconnaître.

Quand je rêve de lui, ce qui m'arrive périodiquement, il a continué de vivre dans l'isolement, en cachette de nous. Il n'a plus écrit, parce qu'il n'était plus fait pour, mais il n'a pas vieilli. C'est le même homme que je revois, peut-être un peu amaigri, plus voûté, et sa peau a blanchi, mais la voix n'a pas changé, avec son timbre nasal, son rythme un peu traînant sur les finales. Il sort son étui à cigares de la poche de sa veste de tweed gris et en extrait un Montecristo ; il n'emploie pas de coupe-cigare, instrument de petit-bourgeois, mais déchire son havane avec les dents, en arrache le bout d'un coup sec des incisives ; il recrache les débris de la feuille d'emballage, allume lentement le cigare avec une longue allumette en le faisant tourner et en le serrant entre le pouce, l'index et le majeur, si bien que j'entends le léger craquètement des fibres ; il souffle la fumée avec bonheur et moi qui ne fume plus depuis sa mort (autre coïncidence à laquelle je n'avais jamais songé jusqu'ici), l'odeur de son cigare me ravit ; comme il lui reste entre les dents et sur la langue quelques brins de tabac, il rebrousse la lèvre inférieure pour s'en débarrasser et les cueille avec l'index. Non, il n'a plus rien écrit, mais cela ne lui manque pas ; il vit convenablement. Il a été content de me voir. Entre nous, c'est tout de même comme s'il y avait un écran et nous nous séparons jusqu'au prochain rêve.

Cette fois non plus il n'est pas mort pour de vrai. Il vit ailleurs en secret. Sa mort a été une ruse pour commencer sa *vita nova*, la vie comme roman et le roman comme vie, tels qu'il désirait les réconcilier dans ses derniers cours. Je le rencontre par hasard et il me fait comprendre qu'il s'est caché de moi durant toutes ces années, ce qui me rend profondément triste, comme d'apprendre la trahison d'un ami ou d'un frère. Est-ce lui qui m'a trahi ou bien est-ce moi qui l'ai trahi ? Est-ce parce que j'ai manqué à ma parole qu'il n'a plus voulu me voir ? Qu'ai-je fait qui méritât cette punition, cette affectation d'indifférence ? Ne lui aurais-je pas été fidèle ? Par exemple, il m'avait très clairement déconseillé, dans les mois qui précédèrent sa mort et tandis que je me trouvais en quête d'un emploi pour l'année suivante, de partir pour l'étranger comme je l'envisageais, parce qu'il était convaincu (je me rappelle bien ses mots) qu'il fallait vivre dans sa langue, que la présence dans la langue était indispensable à l'écriture. Il avait été affecté à Bucarest et à Alexandrie à la fin des années 1940, il avait fait de fréquents séjours en Italie avant l'ère du tourisme de masse, mais il n'avait plus de plaisir à voyager, il était de plus en plus sédentaire, ou même enraciné. Or j'ai quitté la France juste après sa mort. Mes travaux ont aussi pris une tournure plus académique comme j'avançais dans la carrière. Pourtant je suis persuadé que nul ne lui a été plus fidèle. Je me réveille brusquement avec une saveur amère dans la bouche, un goût de cigare refroidi.

Je ne saurais dire aujourd'hui si Roland me tint au courant des péripéties de sa candidature au Collège de France. Sa campagne se déroula pourtant durant une saison où nous nous vîmes beaucoup. Franchement, j'ai oublié, mais c'est sans doute qu'il restait discret, en disait le moins possible, incertain qu'il était du dénouement et sans doute un peu superstitieux (il le sera moins lorsqu'il annoncera *urbi et orbi* qu'il préparait un roman, ce qui voudrait dire qu'il ne croyait pas cette fois à son succès, ou ne le souhaitait pas, le compromettait délibérément par ses indiscrétions). Il parlait de Michel Foucault, de leur amitié ancienne et de leur brouille depuis des années. J'ai gardé le souvenir que celle-ci avait eu trait à l'ami de Foucault, Daniel, à la suite de ce que Roland présentait comme un malentendu définitif résultant d'un incident minime qui avait fait boule de neige, encore un « micmac » comme il s'en produisait souvent autour de lui. Je me rappelle que Roland me raconta qu'il avait revu Foucault, mais je ne crois pas qu'il m'ait dit que leur réconciliation rendait possible sa candidature au Collège. J'appris son élection quand elle fut définitive.

Je suis sûr en revanche que son entrée au Collège lui donna de la joie : j'en ai la preuve dans un petit mot tout simple qu'il m'envoya quand il disposa de papier à lettres à l'en-tête de l'établissement. Le mot est daté d'Urt, en plein été de la canicule, ce qui suggère l'impatience qui avait été la sienne qu'on lui fît parvenir là-bas cette papeterie. Il se fit plaisir (et me fit plaisir) en m'adressant cette première feuille, comme une sorte de prélude de sa leçon inaugurale. Ai-je été le seul destinataire de son message ou expédia-t-il la même lettre à d'autres correspondants en plus ou moins grand nombre ? Je ne peux rien dire, mais un envoi en masse ne ferait que confirmer l'importance qu'il attacha à cette consécration.

Cet automne-là, tandis qu'il préparait sa leçon inaugurale, Roland corrigeait aussi ses figures du discours amoureux, les condensait, les écourtait, supprimait l'« "argument" initial », comme il disait. Dans notre correspondance de l'été, entre Urt et Paris, il est sans cesse question de l'avancement du manuscrit, de ses lenteurs et de ses accélérations. En septembre, Roland prolongea son séjour à la campagne afin de procéder en toute hâte à la dactylographie du manuscrit. Remonter à Paris comme prévu l'aurait retardé dans l'achèvement de son livre. Il tapa le tout en une quinzaine de jours de labeur forcené, à un rythme qu'il qualifie lui-même de « stakhanoviste » et de « dingue », mais il en sortit à la fois accablé et fier.

Ce fut son dernier été paisible et fructueux à Urt. Sa mère tenait encore la maison, comme je l'avais observé lors de ma visite. Il resta près de trois mois dans le Sud-Ouest, toute l'étendue des grandes vacances d'antan interrompue seulement par le court séjour à Bayreuth, et il travailla comme un bénédictin, puisqu'il rédigea entièrement son livre à partir des notes de ses deux années de séminaire et qu'il ne remonta à Paris qu'une fois la dactylographie exécutée. Urt était le lieu où, libéré des distractions parisiennes de toute sorte, bureaucratiques et cynégétiques, il abattait le plus de travail (à l'époque, j'entendais ses doléances contre les demandes continuelles et les chicanes administratives qui entamaient ses journées, mais j'ignorais tout du temps qu'il employait en chasses solitaires).

Dans ses lettres, la quête d'une image pour la couverture (un tableau ou un détail) revient plusieurs fois. Son livre précédent, la petite autobiographie, portait en couverture l'un de ses propres dessins polychromes au pastel. La collection le voulait, comme pour l'ouvrage sur le Japon, autre commande pour une remarquable collection illustrée où il avait côtoyé Aragon, Butor, Ionesco... Associer une image au livre de l'amour, qui n'entrait pas dans ce genre de série, ce serait une innovation. Comme je partais pour quelques jours en Italie, Roland me pria d'y penser en visitant les musées et les églises. Je ne trouvai rien de satisfaisant.

À la rentrée, je me rendis à Londres sous prétexte de mener des recherches à la British Library. Je voyageais avec mon vieil ami Philippe, lui aussi pensionnaire à la Fondation Thiers (c'était par lui que j'avais entendu parler de cette sinécure). Sur le bateau à l'aller, nous nous occupâmes en rédigeant un compte rendu taquin d'un livre d'anciens maos devenus dévots, *L'Ange*, par Christian Jambet et Guy Lardreau. Ladite nouvelle philosophie en était à ses débuts, dont Roland se montrerait bientôt un timide complice au grand dam de ses anciens alliés marxistes ou structuralistes qui l'accusèrent de céder aux flatteries des jeunes gens. Quand notre article parut dans *Tel Quel*, Sollers s'était entre-temps converti lui aussi et il fit savoir aux auteurs que nous ne représentions pas l'opinion de la revue. « Encore heureux ! » aurais-je précisé si je l'avais su sur le moment.

À Londres, visitant la National Gallery, je m'arrêtai net devant *Tobie et l'Ange*, tableau de Verrocchio ou de son atelier, peut-être à cause du titre du livre que nous venions de recenser, Philippe et moi. La main de l'ange Raphaël effleure celle de Tobie sans la toucher. J'envoyai à Roland une carte postale reproduisant le tableau, car le geste de l'ange représentait au mieux ce qu'il appelait dans son manuscrit le « non-vouloir-saisir », c'est-à-dire le dépassement du désir dans une sorte de « pur amour » désintéressé qu'il comparait à l'oblation mystique de Ruysbroeck, à l'assentiment nietzschéen au monde, ou encore à une morale orientale. Ainsi, dans ses lettres, il revenait souvent sur ce qu'il appelait « le côté "Zen" » de notre relation. Il lui plaisait de formuler ses règles de vie les plus élémentaires dans des termes grecs qui effarouchaient les *hoi polloi*. Si vous n'en étiez pas, comme aurait dit Charlus, inutile d'essayer de comprendre. Il opposait ainsi à la *catalepsis*, notion stoïcienne désignant la compréhension de l'objet, donc la pulsion de maîtrise et de contrôle, la *cataleipsis*, qui renonçait à saisir l'objet, se résignait à le laisser aller, abandonnait le combat avec lui. Notre amitié, qui se déroulait sous le signe de la *cataleipsis*, serait donc « Zen ».

111

Pour l'anniversaire de Roland, ce novembre-là, je lui offris un petit sous-verre encadrant, dans un passe-partout de la même couleur que le liseré brun de la collection « Tel Quel » où il publiait au Seuil, le détail du tableau de Verrocchio que nous avions commenté et qui symbolisait cet idéal : la main de l'ange guidait celle de Tobie mais ne la tenait pas ; Raphaël et Tobie allaient ensemble non pas main dans la main, mais à quelque distance. Ce fut cette image qui figura sur la couverture du livre.

Sur le moment, je n'avais pas pris garde à un autre symbole placé dans le coin gauche du tableau, aux pieds de l'ange Raphaël : le petit chien, sorte de loulou de Poméranie, emblème de la fidélité, comme dans le *Tiers Livre* de Rabelais où le chien de Gargantua s'appelle naturellement *Kyne*, parce que c'est le nom du chien de Tobie, lequel, avec son chien qui s'appelle *Chien*, figure une sorte d'antitype de l'inconstant Panurge, le rhéteur, l'imposteur.

J'assistai à la leçon inaugurale de Roland dans l'étroite salle 8 du Collège de France où les dames se bousculaient pour entendre Bergson. Farouche, prenant prétexte d'un spectacle auquel je devais assister, je m'éclipsai ensuite, au lieu de me rendre à une petite réception chez Youssef et Jean-Louis. Ai-je approuvé la tirade de Roland sur le fascisme de la langue qui nous oblige à dire ? Elle me surprit, car elle ne semblait pas conforme à la leçon que j'avais reçue de lui : la littérature, la poésie, l'écriture, la textualité permettent de détourner la langue, de lui faire dire autre chose que ce qu'elle tend à nous faire dire. C'était du reste ce qu'il réaffirmait aussitôt après, mais on y prit moins garde qu'à l'assertion fracassante qui précédait.

À l'origine, dans les brouillons du discours amoureux, il songeait simplement à la contrainte à laquelle nous soumet la langue de parler au masculin ou au féminin, puisque le neutre (ni l'un ni l'autre) n'existe pas en français, ce neutre qu'il n'a jamais cessé de rechercher. Il expliquait ainsi son choix de ne particulariser ni son sujet amoureux ni son objet aimé (de ne pas les « genrer », comme on ne disait pas encore), artifice et préciosité qui ne furent pas pour rien dans le charme exercé par son livre, ouvert à toutes les lectures selon que l'on en était ou que l'on n'en était pas. L'heure de la sortie du placard n'avait pas sonné. Il entrouvrait la porte, et le fascisme de la langue ne devait pas être pris trop à la lettre.

Quand il fallut trouver un titre pour ce cours d'ouverture, nous en débattîmes et je lui proposai tout simplement *Leçon*, le justifiant par l'étymologie – « Le titre est à vous ! » inscrivit-il dans l'exemplaire qu'il me destina –, si bien que, lorsque mon tour vint, je ne fus pas en mesure de l'utiliser pour ma propre leçon comme il m'aurait plu. Si j'avais su, peut-être ne lui aurais-je pas soufflé son titre.

Assez vite, cependant, l'enseignement au Collège devint une servitude qui lui pesait (Bergson lui-même se fit rapidement suppléer, comme il était loisible en ce temps-là). La publication du livre sur le discours amoureux, suivie du passage à « Apostrophes » avec

Françoise Sagan et l'auteur d'*Angélique, marquise des Anges* lui acquirent une très forte notoriété au moment même où il commençait ses cours. Cela ameuta une foule qui débordait de la salle. Roland parlait dans des conditions très dérangeantes d'inconfort, devant une forêt d'enregistreurs, car la mode des microcassettes sévissait. Au bout d'une demi-heure, les auditeurs, plus ou moins de conserve, ne se gênaient pas pour monter au bureau et retourner la bande magnétique de leur petite machine. Le professeur se taisait un instant pour laisser faire la manipulation. On raconte que Foucault profita de la pause pour séduire un jeune homme auquel il déclara avec un sourire : « Vous en avez un bel engin ! » Je ne jurerais pas que l'anecdote soit crédible. En tout cas, ce n'était pas le genre de Roland.

J'ai peu suivi le cours du Collège. Roland dissuadait ses proches de s'y rendre. Il s'était déjà retenu de m'encourager à assister à son séminaire de la rue de Tournon pour une seconde année sans que je sache quel était vraiment son souhait. De même, quand il vous recommandait de ne pas venir au Collège, disait que c'était le cirque ou la foire, qu'il vous faudrait arriver tôt, on ne pouvait pas être sûrs qu'il n'aurait pas été malgré tout heureux et reconnaissant que vous fassiez l'effort de vous présenter très longtemps à l'avance afin qu'il ait quelques visages amis à contempler devant lui. Il était difficile de décider si ses objurgations étaient le dernier mot de sa pensée. C'est pourquoi je me rendis tout de même quelquefois en salle 8, où le public était assez jeune et l'ambiance peu empesée.

Il m'est aussi arrivé de participer à son séminaire du Collège, dès la première année, dirait-on, peu après la soutenance de ma thèse. J'en avais fini avec l'étude de la citation et je m'intéressais à l'inspiration, autre façon de prendre la parole à son tour. Le séminaire de Roland avait pour intitulé « Tenir un discours » (ce qu'il redoutait de faire), et les théories diverses de l'inspiration (l'enthousiasme, la manie, la fureur poétique, voire la glossolalie) me fournissaient une bonne entrée en matière. Mon intervention se passa convenablement. C'était la première fois que je prenais la parole dans ces lieux et, bien entendu, j'avais beaucoup trop préparé ; je dus sérieusement abréger mon propos, le rendant obscur.

Après le cours ou le séminaire, qui, je ne sais plus pourquoi, avaient été déplacés au samedi, peut-être afin de pouvoir ouvrir les autres salles du Collège au public, même s'ils n'avaient droit qu'au son de la voix de Roland, nous retournions déjeuner au petit chinois de la rue de Tournon, le restaurant que nous fréquentions du temps des Hautes Études. En petit comité, Renaud Camus étant l'un des plus réguliers, Roland se déridait, mais il ne s'épanouissait pas dans ses nouvelles fonctions. L'humeur de ces déjeuners avait quelque chose de nostalgique.

Une fois libéré de Cerisy, Roland était descendu à Urt avec sa mère, dont ce serait le dernier été. Elle était beaucoup plus faible que l'année précédente, quand je leur avais rendu visite. Dans une lettre, Roland avoue que sa peur est « générale, constante » (cela me rappelle la « peur perpétuelle » de Baudelaire dans ses lettres à sa mère), qu'il travaille peu et mal, peine à préparer son cours sur le Neutre. Comme il se trouve en « panne », il a commencé de rédiger une espèce de journal, pour écrire malgré tout un peu chaque jour, dit-il, et parce que c'est tout ce dont il se sent désormais capable. Des fragments de son journal seront publiés dans *Tel Quel* deux ans plus tard ; ils commencent juste trois jours avant la date où il m'annonce qu'il s'est mis à le tenir pour garder la main.

Relisant aujourd'hui les lettres de ce sombre été, correspondance qui n'est plus illuminée des mouchetures aux crayons de couleur que Roland affectionnait, je perçois l'évidence d'un malaise auquel je n'avais pas été assez sensible, ou que je n'avais pas assez pris au sérieux. Roland qualifie lui-même son état général de dépressif, admet que sa vie n'avait pas connu jusque-là le malheur, parle d'une crise d'écriture et de philosophie, confesse son impuissance, qualifiée de traversée, de désert, mais aussi d'initiation au vide. Le fantasme de la *vita nova* était déjà présent, avant la mort de sa mère, comme sortie du tunnel, comme préparation à cette mort avant de devenir une dernière espérance. Aurions-nous pu l'entendre mieux ? N'ayant pas trente ans, j'étais incapable d'aider un aîné qui avait plus du double de mon âge.

Avoir vu Roland au travail m'a marqué pour toujours. Chez lui, les sollicitations extérieures orientaient la recherche. Il fut un écrivain de circonstance, puisque la plupart de ses travaux répondaient à des commandes. Auprès de son ouvrage sur le discours de la mode, à l'origine un projet de thèse, je ne vois pas d'autre exception, je l'ai déjà dit, que ses figures du discours amoureux, preuve que ce livre-là s'imposa à lui comme une nécessité. L'art d'un écrivain comme Roland, c'est celui du stratège ; il consiste à savoir profiter de la circonstance, à saisir l'occasion, le *kairos*, notion dont nous parlions souvent. Dans sa génération, Roland fut remarquable par sa perspicacité, ce nez qui est la grâce de l'écrivain. Le mot de *serendipity*, emprunté à l'anglais (Horace Walpole le forgea à partir d'un conte persan qui inspira aussi Voltaire dans *Zadig*), est aujourd'hui à la mode pour désigner le hasard heureux, mais il n'y a pas de hasard heureux sans l'art de le reconnaître. Roland était de ceux qui pressentaient le mieux le mouvement.

Le temps que dura son séminaire sur le discours amoureux, *work in progress* qu'il remit sur le métier deux ans de suite, avec des reprises, des variations, comme une improvisation très maîtrisée, nous eûmes le sentiment de vivre une expérience mémorable, que Roland était au sommet de sa forme. Il y avait sans doute chez nous une part d'illusion, d'emballement irréfléchi, chacun pensant peut-être que Roland fut le meilleur au moment où il fréquenta son séminaire. Je tiens pourtant à cette idée. Roland était inspiré par une sorte de feu intérieur durant les deux années où il élabora ses figures du discours amoureux.

Ensuite, au Collège, il chercha d'abord à reproduire cette magie dans ses cours touchant au Vivre ensemble et au Neutre, qui se présentaient comme des suites de la recherche sur le discours amoureux, comme un progrès vers cette *cataleipsis* ou cette morale « Zen » qui restent la meilleure approximation de ce qu'il entendait sous le vocable de neutre. Le cours sur la préparation du roman fut la tentative d'un nouveau départ, après une conversion précisément datée d'un séjour à Casablanca. Mais le charme était rompu, pour plusieurs raisons dont la plus banale était que la triste salle 8 ne permettait pas de retrouver l'atmosphère feutrée et intime du séminaire de la rue de Tournon.

Roland avait perdu sa mère ; l'exaltation passionnelle qui avait présidé à la recherche sur les figures du discours amoureux était retombée. Une épaisse mélancolie s'étendait sur tous les instants. Avec le livre sur l'amour, Roland passait pour un romantique et, sur la base de ce malentendu, il avait conquis un nouveau public de jeunes gens plus sentimentaux que les intellectuels un peu tordus qui l'avaient suivi jusque-là. Il n'était pas non plus facile de satisfaire la demande de ces nouveaux adeptes. Roland était devenu un homme en vue, avec les avantages et les inconvénients : on le consultait sur tout et n'importe quoi ; on s'arrachait les entretiens avec lui ; et il cédait en grommelant.

Je crois même qu'il éprouvait un certain plaisir pervers à se laisser faire puis à se retirer. Par exemple, il se plaignait beaucoup de cette productrice de France Musique qui le poursuivait de ses assiduités, l'invitait, le relançait sans relâche. Sa conversation revenait sans cesse à elle ; elle lui tapait sur les nerfs et il la décrivait comme un vrai pot de colle, mais il la revoyait ; à sa manière, il avait besoin d'elle, et ils firent ensemble plusieurs remarquables émissions dans les dernières années. Sans doute furent-ils sincèrement amis en dépit des médisances de Roland au sujet de cette femme généreuse, et des malentendus entretenus par cette dame sur ses intentions à lui.

Notre amitié avait elle aussi évolué. Elle s'était consolidée, mais elle n'était plus aussi intime. J'ai retrouvé moins de lettres de Roland datées des deux dernières années de sa vie. Il est vrai qu'il se rendait beaucoup moins souvent et longuement à Urt, et que le téléphone s'était substitué à la poste. Un de ses mots donne son nouveau numéro, après qu'il eut décidé de figurer sur la liste dite rouge, afin d'écarter les sollicitations importunes. J'avais mûri, je n'étais plus un jeune homme, nulle confusion des sentiments n'avait plus lieu d'être entre nous. Nous nous vouvoyions toujours, parce que j'avais refusé, quand il me l'avait proposé, de tutoyer un homme qui était devenu un ami mais que je respectais aussi comme un maître. Je n'en avais pas moins conscience d'avoir pris un peu d'autorité sur lui, à la fois parce qu'il devenait plus vulnérable et que je gagnais de l'assurance. Roland n'était pas homme à en imposer ; il savait ce qu'il valait, mais il ne se mettait pas en avant et il n'hésitait pas à confier ses doutes, son manque d'assurance. J'appris auprès de lui que l'écriture est un labeur de forçat et que beaucoup de livres réussis ne garantissaient pas que le prochain se ferait, leçon propre à rendre modeste. À ma surprise, pour l'organisation du colloque de Cerisy, comme pour la couverture du discours amoureux ou le titre de la leçon inaugurale, il suivait mes conseils, me donnait raison, se rangeait à mon avis.

Il paraît que Roland se mettait parfois violemment en colère contre ceux de ses amis qui relevaient chez lui des inexactitudes ou des approximations, qui le corrigeaient. Cela ne fut jamais mon expérience. Il se plia encore à mon opinion après m'avoir donné à lire, sans doute un peu plus tard (je ne puis dire exactement à quelle date, mais après la mort de sa mère), ses fragments sur le Maroc. Il les avait mis au propre et dactylographiés ; il se demandait s'il était opportun de les publier, de les publier tout de suite. La petite liasse était prise dans une chemise que je vois encore. Je sais qu'il consulta plusieurs de ses proches et que je ne fus pas le seul à donner son point de vue ; je sais aussi que nos recommandations ne furent pas unanimes, mais très divergentes. Après avoir lu ses pages marocaines, je l'encourageai à surseoir à leur publication, et il les rangea en effet dans ses dossiers. J'ignorais qu'il avait alors entrepris une sorte de journal de même nature, aussi précis et candide, sur ses soirées parisiennes. Je n'avais pas idée de ses chasses compulsives aux garçons ; je n'étais pas au courant de ces intervalles de son emploi du temps que plusieurs publications posthumes devaient révéler. Quand je le raccompagnais au bas de son immeuble, je croyais qu'il montait se coucher pour lire les *Mémoires d'outre-tombe* ou *Le Comte de Monte-Cristo* en écoutant France Musique, comme il le racontait. Je ne me doutais pas qu'il ressortait pour écumer le quartier, et je me demande encore quelle est la part de la fiction dans ses récits d'aventures.

Ses équipées marocaines choquèrent-elles ma pudeur pour que je lui aie conseillé de les garder par-devers soi ? Là n'était pas l'explication de ma réticence. J'en avais lu et vu d'autres (François se répandait alors en louanges superlatives pour un récit sadomasochiste très pervers qu'il avait publié au Seuil et dont le titre comme le nom de son auteur m'échappent sans espoir de les retrouver, puisque l'exemplaire de ce livre qu'il m'avait donné ne m'est jamais revenu après qu'une amie me l'eut emprunté). Pour tout avouer, il me semblait assez convenu, pour ne pas dire vaguement médiocre, de faire son *coming out* (on n'employait pas encore l'expression, mais la conduite commençait de se répandre) à la suite de la mort de sa mère, après plusieurs décennies de discrétion. Sa mère n'était pas née d'hier, elle qui avait su garder ses deux fils auprès d'elle jusqu'à sa mort. Cela avait exigé quelques accommodements, et elle fermait les yeux, du moment que les apparences étaient sauves, depuis quarante ans que Roland lui présentait des jeunes gens. Or, préfaçant à présent les *Tricks* de Renaud Camus, que celui-ci m'adressa gentiment « pour compléter mes Barthesiana », Roland entrouvrait la porte du placard, mais il ne jetait pas encore le masque.

Sa sexualité n'avait pourtant rien de mystérieux pour qui s'intéressait ne serait-ce qu'un peu à lui. Quand l'avais-je déchiffrée ? Certainement pas lorsque je résumai ses quelques paragraphes sur la musique de Beethoven en classe préparatoire, ni en découvrant ses premiers livres très scientistes. Quand j'avais souhaité m'inscrire à son séminaire, selon toute probabilité je n'étais plus aussi innocent, et le milieu qui l'entourait était assez ouvertement *gay*. Au café, sa façon distraite de suivre des yeux, sans le fixer, le jeune homme qui traversait la salle, cela n'aurait trompé personne. Moi-même, si je peux me rappeler comment j'étais habillé le jour où Roland m'avait donné rendez-vous au bar du Pont-Royal pour nous entretenir de ma réinscription au séminaire, c'est bien parce que ce jour-là je me suis vu regardé par lui avec cet air-là. Après le règne de *Pothos*, était venu le temps de la *cataleipsis*, pour parler comme Roland. Aujourd'hui toutefois, je veux dire au moment où je lus les incidents marocains pour la première fois, je ne voyais pas l'urgence d'étaler un secret de Polichinelle et je réclamai encore un peu de loyauté envers maman.

Quelques années après la mort de Roland, François livra au public les fragments sur le Maroc. Michel, le frère de Roland, ne s'y était pas opposé. Cette exposition parut précoce et déconcerta de la part de François, le gardien du temple qui bataillait scrupuleusement sur d'autres fronts contre les marchands, veillant par exemple à faire respecter l'interdiction de publier les cours du Collège à partir des enregistrements qui circulaient sous le manteau. Après que Bernard-Henri Lévy eut fait paraître quelques transcriptions dans sa revue, François m'avait demandé une lettre pour l'avocat des Éditions du Seuil, sorte de témoignage où j'insistais sur le soin que Roland mettait à la réécriture minutieuse de sa parole (il n'est que d'observer ses manuscrits pour s'en convaincre), par exemple lors des entretiens qu'il donnait à la presse et qu'il refaisait de bout en bout Si François m'avait consulté sur les fragments marocains, je lui aurais dit qu'il s'y prenait un peu tôt pour donner à lire les textes inédits les plus privés de Roland, et je m'en voulus de lui avoir cédé à propos des cours, bien moins intrépides. La suite dans les idées de ce grand esprit qui faisait fi du sens commun et auquel la topologie lacanienne autorisait les tête-à-queue pouvait parfois laisser perplexe. Plus tard, quand Michel autorisa la publication du journal de deuil, François, dès lors retiré du jeu et peu soucieux de cohérence, condamna violemment l'outrage à l'intimité de Roland.

Quoi qu'il en soit, Roland, après avoir consulté ses amis, ne publia pas ses incidents marocains pour le moment. Ses soirées parisiennes n'étaient pas destinées davantage à une publication sous la forme que François leur donna. Quelque part, je ne sais plus où, Roland raconte qu'il m'est arrivé de le noter. J'aurais mis une note à un texte qu'il m'avait donné à lire, comme un régent juge le devoir d'un élève : « Antoine m'a donné 14 sur 20 » ou « 12 sur 20 », car je crois me rappeler que la note n'était pas très bonne. Le texte en question était sans doute celui du Maroc. L'épisode, qui ne me dit plus rien, l'avait apparemment amusé (il comportait sûrement une part de jeu), mais sans doute aussi irrité sans qu'il osât protester.

Un incident d'une autre nature eut lieu vers ce moment-là, qui troubla notre entente. L'épisode ne fut alors connu que de nous seuls et je n'en ai fait part à personne jusqu'ici. Ce fut la seule occasion où je vis Roland irrité contre moi, à la suite d'un impair que j'avais commis, ou de ce qu'il considéra comme une faute. Après avoir soutenu ma thèse, j'avais souhaité en faire un livre et je l'avais donnée à Jean Piel, pour sa collection « Critique » aux Éditions de Minuit. Cela semblait aller de soi, puisque je collaborais à *Critique* depuis trois ans et qu'il m'avait même fait entrer au conseil de rédaction de la revue. C'était là que j'avais appris à écrire, que j'avais corrigé mes premières épreuves (quand elles m'étaient arrivées par la poste, j'ignorais que les signes de correction étaient codés et je les avais annotées n'importe comment). Jean Piel s'était toujours montré très généreux pour moi. Les conversations avec lui sur Bataille, sur Masson, sur Leiris et tant d'autres qu'il avait bien connus, comme Queneau ou Limbour, m'avaient souvent passionné. Aussi lui devais-je de lui montrer mon premier manuscrit. La collection « Critique », qu'il avait lancée après avoir pris sa retraite du ministère des Finances, alignait un superbe catalogue où figuraient, entre autres, Deleuze, Derrida, Serres, tous auteurs qui m'avaient formé. Piel me fit rapidement savoir que le volume était trop épais pour qu'il le soumette tel quel à Jérôme Lindon et il me demanda de le réduire assez fortement.

Je me mis à la tâche, mais, parallèlement, sans doute après une conversation avec Roland, je confiai le manuscrit à François Wahl. Roland était lié depuis longtemps à *Critique*, où il avait publié ses articles décisifs sur les romans de Robbe-Grillet au milieu des années 1950. Cette époque était lointaine, et, à ce moment-là,

Robbe-Grillet, qui habitait dans le même immeuble que Piel à Neuilly, l'énervait (il venait de publier sa plaquette chez Christian Bourgois). Je ne pense pas qu'il estimait Piel à ma façon, pour ses souvenirs de la vie littéraire. En tout cas, il était plus proche de François et, sans trop le dire car il ne s'exprimait jamais de manière directive, il aurait préféré me voir paraître au Seuil. François me donna très vite une réponse positive. Comme j'avais entamé une campagne de coupes, je les menai à bien tout de même, du moins dans une certaine mesure, moindre que celle que Piel aurait voulue. Je travaillais avec Jean-Luc Giribone, que François venait de recruter pour l'assister, et je les rejoignais souvent tous les deux par l'escalier vermoulu qui menait à leur galetas de la rue Jacob. Quand je repense à la fabrication de ce volume et que je songe au temps que prend à présent une publication, je reste étonné par la vélocité de l'édition d'alors, car tout fut expédié en quelques mois. Piel fut déçu que je fasse affaire au Seuil pour ce premier livre, que je vois parfois cité comme s'il avait paru dans la collection « Poétique » alors que jamais je n'ai eu de relations très cordiales avec ses directeurs, vraisemblablement parce que j'appartenais à la génération suivante des disciples de Roland. Lors de ma soutenance, Gérard Genette avait maugréé contre la longueur de la thèse en se plaignant de la nuit blanche à laquelle sa lecture venait de le contraindre, raison de plus pour qu'il ne me soit pas venu à l'esprit de lui confier mon manuscrit.

Une fois cette publication en bonne voie, je m'étais mis, toujours sur l'Olivetti de Roland, à une sorte de court récit fragmenté pour lequel j'avais amassé des notes au cours des années précédentes. Ce texte tournait autour de la mort de ma mère, à la fin de mon enfance, et du suicide récent de Juliette. Il s'était imposé à moi. Depuis que j'avais lu, quand j'étais encore pensionnaire, cette phrase de Bataille dans *Le Bleu du ciel* : « Comment nous attarder à des livres auxquels, sensiblement, l'auteur n'a pas été *contraint* ? », j'en avais fait une règle, et j'avais lu avec piété tous les livres qui, selon Bataille, avaient répondu à une telle nécessité, les romans de Stendhal et de Proust, de Dostoïevski et de Kafka, ou bien *Les Hauts de Hurle-Vent* d'Emily Brontë, inséparable pour moi, et peut-être déjà pour Bataille, des illustrations de Balthus, ou encore le magnifique et troublant récit de Blanchot, *L'Arrêt de mort*, qui rappela à Bataille l'agonie de Laure, à savoir sa compagne Colette Peignot, précieux livre dans lequel je me replonge périodiquement après y avoir été immergé à l'époque où j'écrivais le texte dont il est ici question. Il n'y avait guère que Sade, je l'ai dit, à qui je ne m'étais pas fait malgré la recommandation de Bataille, et il me semble bien que ce fut cette courte liste, ce canon des livres contraints établi par Bataille, qui conduisit ou reconduisit Roland vers la nouvelle de Balzac, *Sarrasine*, à laquelle Bataille mettait d'ailleurs un *z* au lieu d'un *s*.

Maintenant que la thèse était derrière moi, je me sentais le droit de me consacrer sans états d'âme à l'écriture d'un récit, ou du moins sans trop de mauvaise conscience. Je n'avais donc pas tout à fait renoncé à écrire autre chose que des thèses et des articles pour

Critique. Ce petit texte bouclé à la fin du printemps, je le déposai rue Sébastien-Bottin à l'intention de Georges Lambrichs, car la collection « Le Chemin » et la revue qui lui était associée, *Les Cahiers du Chemin,* c'était à mes yeux la littérature même, en tout cas à ce moment-là. J'aimais aussi quelques récits brefs de Lambrichs, que l'on ne lit plus beaucoup, comme *Les Rapports absolus* ou *Les Fines Attaches,* ou encore *Mégéries,* fables à la Paulhan, énigmatiques et ciselées. Le directeur du « Chemin » prit contact avec moi très vite, dans les jours qui suivirent (mes pages n'étaient pas longues à lire). Fermant les yeux, je le revois avec ses petites lunettes de myope, son petit chapeau et sa gabardine, arpentant le quartier ; je revois aussi son écriture, plus fine, plus aiguë que celle de Roland, moins coulée. Il voulait me rencontrer ; il ne s'engageait pas, mais se disait séduit.

Ce soir-là, je dînai avec Roland. Je lui parlai de mon manuscrit et lui fis part de la réaction rapide de Georges Lambrichs. Il s'immobilisa, pâlit, se tut un moment, puis il reprit la parole pour me signifier que la chose était impossible, que je ne pouvais pas faire un tel affront à François. Le contrat que j'avais signé au Seuil comportait un « droit de suite », comme on l'appelle, mais dans le genre des « essais », lui fis-je observer, non dans celui de la « fiction ». Il y a la lettre, mais aussi l'esprit, objecta-t-il sans doute, insinuant que j'avais trahi ma parole. Sans m'en rendre compte, bêtement, j'avais transgressé un tabou, j'avais porté atteinte à une valeur qui était sacrée aux yeux de Roland, son attachement à sa maison d'édition de toujours et sa soumission, tout en se rebellant à mots couverts, à son impérieux et capricieux interlocuteur dans cette maison depuis des années. Cette unique fois, j'éprouvai le sentiment qu'un vrai malentendu s'était dressé entre nous, comme si je l'avais trompé. Avait-il fréquenté Georges Lambrichs plus tôt dans sa vie ? Ses rapports passés avec la maison Gallimard avaient-ils été déplaisants ? Je n'en avais alors pas la moindre idée et je n'en sais pas beaucoup plus aujourd'hui, sinon que *Le Degré zéro de l'écriture* avait paru trop court à Queneau pour faire un livre, que Paulhan s'en était pris méchamment aux *Mythologies* en traitant Roland de marxiste, et que celui-ci avait dédaigné par la suite leurs invitations à écrire pour *La Nouvelle Revue française.* Sa réaction me paraissait toutefois excessive, au demeurant peu amicale.

J'ai dit plus tôt que je n'ai jamais vu Roland en colère. En la circonstance, son émotion ne fut pas de cette nature. Il se montra contrarié, désolé, inquiet, mais non véritablement irrité. Nous nous quittâmes en froid, je ne pense pas que je le raccompagnai jusqu'à la rue Servandoni, et je sortis de ce dîner très embêté, mais le lendemain fut pire. Le téléphone sonna ; c'était François. Roland, sans me prévenir, l'avait appelé dès le matin pour l'avertir de mes agissements coupables. François me menaça. J'ai fait allusion ailleurs à la suite de cette journée-là. Je sortis pour réfléchir en marchant. Au bout de la rue, la marchande de primeurs m'interpella en me voyant filer comme un malpropre et sans lui dire bonjour, demanda ce qui n'allait pas et me retint auprès d'elle, si bien que je passai ma rage et la fin de l'après-midi à peser des pommes de terre et des poireaux pour ses clients. Cela calma mes nerfs et je m'exécutai. J'envoyai une lettre piteuse à Lambrichs, lequel ne me pardonna pas ce pas de clerc et me le fit savoir quelques années plus tard, et mon mince récit parut au Seuil dans la collection de Denis Roche, « Fiction et Cie », avec qui ce fut un plaisir de collaborer et pour qui je garde beaucoup de sympathie.

La petite crise fut résolue au mieux. Mes deux livres, chacun dans son genre, parurent dans l'année, sans faire grand bruit. Leurs ventes furent modestes et peu d'articles les accueillirent, mais je figurais dans les bibliothèques et j'entrais dans la carrière. L'attitude de Roland me resta énigmatique, y compris son coup de téléphone subreptice à François. S'était-il porté garant de mon honneur ? Je l'avais déçu et j'en eus honte. Puisque je fais le récit plus ou moins sincère de notre amitié, il me faut concéder que dans cet épisode je lui en voulus.

Au cours de l'été, à moins que ce ne fût l'été suivant, eut lieu le dîner de la rue d'Aboukir que Roland relate en ouverture du journal de ses soirées parisiennes. Plusieurs années de suite, au mois d'août, Patrizia (Roland écrit Patricia) loua dans cette vieille et belle rue du Sentier, construite dans le fossé de l'enceinte de Charles V, l'appartement d'amis architectes qui s'éloignaient de Paris toutes les vacances durant. Dans un bâtiment assez délabré de ce quartier encore saturé d'ateliers de confection et obscur dès la nuit tombée, cet appartement était l'un des seuls qui fût un logement d'habitation. L'immeuble datait du XVIIIᵉ siècle ; les pièces, assez spacieuses, s'ouvraient en enfilade depuis la porte d'entrée. Ce domicile, non rénové et difficile à chauffer, devait être moins accueillant durant l'hiver, mais en plein été le séjour y était particulièrement agréable. Nous y dînions nombreux tous les soirs, à une époque où Paris se vidait encore au mois d'août, mais où les uns et les autres y revenaient entre deux villégiatures.

Ce fut le cas de Roland un soir où, outre Patrizia et moi, se trouvaient là mon ami Philippe et Frédérique (auparavant la petite amie de mon frère). Le récit que Roland fit de la soirée est circonstancié. Je ne l'ai pas sous les yeux et je préfère ne pas m'y reporter, pour rester sur l'impression que j'en garde. Le quartier était d'autant plus désert quand il y parvint que nous nous trouvions un dimanche, je crois me rappeler, à moins que tous les jours aient eu rue d'Aboukir, vers le 15 août, la couleur lugubre d'un dimanche, et Roland, débarqué d'Urt, était d'humeur particulièrement morose. Chaque matin, au bas de la rue, sur la place du Caire, se tenait une sorte de marché aux esclaves. Des travailleurs, des Sri-Lankais pour l'essentiel, vendaient leurs muscles de manutentionnaires pour la journée. Plus tard, on les voyait pousser en transpirant de lourds diables surchargés de rouleaux de tissu ou de cartons de vêtements. À l'heure où Roland était invité, rien de pittoresque n'était en vue de ce côté-là, mais le haut de la rue, vers où, sans y penser, il remonta parce qu'il était en avance, touche à la rue de la Lune et à la rue de Cléry, l'un des coins les plus fantasques de Paris (les deux rues font un angle des plus effilés). Il semble avoir été insensible au charme de l'endroit. Patrizia avait préparé un rosbif trop saignant. Nous étions jeunes, deux couples joyeux qui dévoraient de la viande rouge. Et nous nous racontâmes des histoires plates, nous l'ennuyâmes en théorisant le genre, alors qu'il ne savait pas, et nous ne le mîmes pas au courant, que l'un de nos plus chers amis, sorte de pince-sans-rire involontaire devenu depuis un sage universitaire, était l'as de l'histoire plate, qui réussissait sans en avoir l'air à transformer en prosaïques platitudes nos aventures les plus romanesques, par exemple notre fraternisation avec les pompiers de la rue du Jour lors des manifestations contre la destruction des Halles de Baltard. Roland ignorait pourquoi les histoires plates nous passionnaient à ce point ; il nous regardait comme si nous étions une bande de demeurés. Nous représentions tout ce qu'il détestait quand il était triste, et cette soirée-là fut ratée.

J'avais lu les incidents marocains, mais je ne m'attendais pas aux désespérants récits de drague qui, dans le journal publié par François, suivaient notre dîner de la rue d'Aboukir. Cet aspect de sa vie ne m'était pas familier. Au Flore, où il nous était arrivé, mais rarement, de dîner, j'avais bien remarqué que tout le monde le connaissait, son garçon habituel, qui avait l'air d'un professeur en le servant au fond de la salle, et la faune qui zyeutait les consommateurs en quête de clients, mais nos habitudes voulaient que nous nous retrouvions de préférence au Bonaparte avant de dîner ailleurs. Roland compartimentait son existence. Ses plaisirs m'étaient inconnus, même si je les soupçonnais et si j'avais refusé de trop me lier à la bande aux manières ostentatoires qui l'entourait. Relisant ses lettres, je suis sensible à la pudeur avec laquelle il suggère ses inclinations, parce qu'il sait qu'elles seront peu contentées.

Le récit des soirées parisiennes de Roland me déprima. J'y rencontrai une détresse et une laideur qui offensaient l'image que je voulais garder de lui, celle du livre sur la photographie de sa mère, du cours sur la préparation du roman. Par bonheur, son journal de deuil, publié par la suite, longtemps par la suite, devait m'émouvoir tout autrement, non sans me navrer sur le rôle que j'avais tenu durant cette période.

Je rendis visite à Roland plusieurs fois à l'hôpital après son accident. Je n'ai pas un souvenir très précis de la durée de ce séjour entre la vie et la mort, mais je garde le sentiment qu'il fut très long, beaucoup plus long encore qu'il ne le fut en réalité, et qu'au début Roland n'était pas blessé gravement, mais que son état empira petit à petit, qu'il ne résista pas à l'hôpital.

La semaine précédente, le jeudi, je l'avais invité à Polytechnique, où j'enseignais depuis que j'avais quitté la Fondation Thiers, pour qu'il s'adresse aux élèves. Son intervention s'inscrivait dans un cycle de cours dont le thème m'échappe aujourd'hui. Comme je donnais mon séminaire juste avant l'heure de sa leçon, je ne pouvais pas le conduire moi-même à Palaiseau et je ne me rappelle pas comment il vint, qui lui servit de chauffeur ou s'il prit le RER, fort malcommode (après avoir écrit ces lignes, j'ai appris, ou plutôt réappris, que Georges Raillard, qui avait enseigné à l'X dans le passé, l'accompagna et le raccompagna).

En guise de conférence, il donna quelques morceaux choisis de ses leçons du Collège sur la préparation du roman. Les élèves l'écoutèrent avec déférence, dans un silence qui était rare et même exceptionnel en ces lieux, car ces jeunes gens, contents d'eux-mêmes, volontiers arrogants, pénétrés de leur supériorité et discourtois à l'occasion, composaient l'un des publics les plus difficiles que j'aie connus, plus rebelle que celui des étudiants de première année dans le grand amphi de la Sorbonne, bavards mais humbles. Certains invités, dûment prévenus pourtant, étaient tout à fait désarçonnés par leur insolence, surtout ceux qui cherchaient à établir avec eux une complicité en empruntant de prétendues passerelles entre les sciences et les lettres. Je me rappelle une prestation catastrophique d'un philosophe habitué à jouer sur les deux tableaux, débarquant tout sourire, confiant en son charme amphibie, et chahuté comme un cancre, expédié tout penaud. Roland ne fit pas de concession, ce qui était la bonne tactique, et leur en imposa par son naturel. Je mesurai à cette occasion que pour ces futurs ingénieurs, dans l'ensemble peu littéraires, Roland était véritablement une star. L'enregistrement de sa causerie m'a été remis quelques années plus tard par un ancien collègue ; je le détiens probablement encore, mais ne l'ai jamais écouté. Nous déjeunâmes ensuite au réfectoire, comme à l'habitude, avec quelques élèves premiers servis, les volontaires ayant été nombreux, et il regagna

Paris (ce fut donc Raillard qui le reconduisit rue Servandoni et à qui il aurait tenu des propos d'atrabilaire en voiture). Je le vois encore, comme je l'ai écrit peu après dans un article de *Critique*, traversant le grand hall de l'école après le déjeuner, vaste espace aussi froid qu'une salle d'aéroport abandonnée. En représentation, mais le mot est mal choisi pour qualifier une parole publique qui se refusait à « tenir un discours », la mécanique reprenait le dessus et son charisme restait intégral, mais, surpris dans un moment de relâchement, il paraissait très vulnérable. J'eus un instant l'impression qu'il marchait avec peine, qu'il allait trébucher, que sa démarche était précaire, et je regardai à ses pieds pour prévenir un obstacle. Il portait des chaussures en pécari. Ce fut l'une des dernières images que je gardai de lui.

Le lendemain, le vendredi, je trouvai son livre sur la photographie au courrier. Tandis qu'il l'écrivait, nous en avions souvent parlé : de ses blocages, de ses insatisfactions. Comme presque tous ses livres, celui-ci était aussi une commande, faite en l'occurrence par Jean Narboni, qui dirigeait les *Cahiers du cinéma*. Je me rappelle une panne après ce qui devint la première partie du livre, plus détachée, plus studieuse. Celui-ci ne prenait pas, pensait Roland, qui tirait à la ligne. Il ne trouvait pas grand-chose d'original à dire sur la photographie, dont il avait déjà parlé dans plusieurs articles de sa période structuraliste. Il se répétait, s'ennuyait. Puis, soudain, l'écriture démarra vraiment quand il décida que la découverte de la photographie de sa mère enfant dans un jardin d'hiver en constituerait la péripétie, le centre de gravité, et le livre devint un hommage à sa mère, un monument funéraire.

Je sais que beaucoup contestent mon idée que cet ouvrage est le roman que Roland préparait et donc que, contrairement à ce qu'il devait dire en conclusion de sa dernière leçon au Collège, la préparation n'avait pas échoué, puisque le roman existait bel et bien, sortait en librairie au moment même de cette dernière leçon. Lorsque le journal de deuil fut publié des années plus tard, j'y trouvai la confirmation de cette hypothèse. Dans le livre sur la photo, Roland date du 1er novembre, jour de la Toussaint, la découverte de la photographie du jardin d'hiver, pierre blanche de son deuil, tournant de sa quête de l'essence de la photo, et authentique conversion à la littérature. Or, dans son journal de deuil, l'événement a lieu un jour ordinaire, sans portée symbolique, et au cours d'une tout autre saison, en juin. Roland transposa, dramatisa l'incident ; il lui inventa des circonstances distinctes de celles qui l'avaient encadré dans la réalité ; il était bel et bien entré dans le roman.

J'avais lu le manuscrit ; j'ai aussitôt appelé Roland pour lui dire que j'avais reçu son livre, que je l'aimais, lui et le livre, et pour le remercier de sa dédicace : « Pour Antoine, dont l'amitié et le travail m'importent tant, de son ami Roland », derniers mots qu'il m'adressa.

J'ai toujours cru que l'accident de Roland s'était produit alors qu'il revenait au Collège depuis la rue de Bièvre, où Jack Lang avait organisé un déjeuner particulier avec Mitterrand. C'est ce que l'on avait dû me rapporter dans les jours suivants, mais je viens d'apprendre que le déjeuner avait eu lieu au Marais, dans un grand appartement prêté, et que les invités étaient assez nombreux, que Roland, morose à son habitude, s'était tu, affichant son ennui. Plus tard, une fois Mitterrand élu président, Jack Lang lancerait les grands travaux qui ont bouleversé l'architecture du Collège, ce qui fait que les lieux où j'exerce n'ont plus rien à voir avec ceux que Roland a connus. D'un moment à l'autre, l'institution a tant changé qu'il m'arrive d'oublier que je l'ai fréquentée tout jeune.

D'autres ont raconté l'agonie de Roland, dans des souvenirs ou dans des romans, avec plus ou moins d'invention. Roland, je ne sais pas bien pourquoi, est devenu un personnage de fiction, plus que Sartre, Foucault, ou Aragon, lui aussi renversé par une voiture. Peut-être parce qu'il n'est pas mort sur le coup, parce que sa vie n'a d'abord pas paru menacée, puis parce qu'il est resté plusieurs semaines entre la vie et la mort, comme s'il restait un mystère. Ai-je une version ? Ma version ? Certains ont prétendu que Roland s'était laissé mourir, que son décès dans sa soixante-cinquième année avait été une forme de suicide. Ce n'est pas mon idée. Au cours de son séjour à l'hôpital, je suis toujours resté en contact avec le cercle resserré de ses intimes, Youssef et Jean-Louis, François, l'autre Roland, ainsi que son frère, et je me suis tenu auprès de Roland à plusieurs reprises. Au début, juste après l'accident, je n'ai pas plus cru que les autres à un traumatisme grave ; d'ailleurs, il ne paraissait pas sérieusement blessé ; c'était, disaient les médecins, une simple affaire de côtes cassées et de plaies au visage. Lorsque je lui ai rendu visite pour la première fois à l'hôpital, son état n'était pas encore qualifié d'inquiétant, mais il avait été intubé en raison d'une insuffisance respiratoire liée à son passé de tuberculeux et à la fragilité de ses poumons. Ce jour-là, nous avons communiqué. Roland entendit mes encouragements. Il n'avait nullement renoncé à se rétablir.

La dernière visite fut épouvantable. Roland avait changé de service ; il était à présent en réanimation après avoir attrapé une infection, une maladie nosocomiale, comme on dit, et les antibiotiques, plusieurs antibiotiques successivement tentés, restaient sans effet. Je suis entré, seul auprès de lui, et je me suis mis à lui parler tandis qu'il me serrait la main, le bout des doigts. C'était tout l'échange qui lui était permis. Je regardai sa main ; elle n'avait pas changé ; c'était encore cette belle main qui tenait solidement la plume avec ses doigts forts, à la peau plissée aux jointures, légèrement parcheminée, brune. Le visage, lui, était méconnaissable, amaigri, pâli, englouti par les appareils, les sondes, les cadrans qui l'entouraient. Je parlai en lui serrant la main, et Roland se mit à pleurer, à pleurer doucement, tandis que je disais sûrement des bêtises. La dernière vision que j'ai de lui, ce sont ces larmes, des larmes d'enfant, d'enfant malade, d'enfant perdu, d'enfant qui, je crois, ne voulait pas mourir mais se résignait à ne plus vivre. Il était trop tard.

C'étaient des larmes d'adieu. Roland me faisait signe que nous ne nous verrions plus.

Lorsque Cioran mourut quelques années plus tard, j'appris par sa nécrologie qu'il avait été antisémite dans les années trente. La nécrologie du *Monde* faisait comme si la chose était de notoriété publique. Je l'ignorais. Si je l'avais su, j'aurais été plus sévère pour lui, ou je me serais senti moins coupable d'avoir été trop dur avec lui. J'ai quelque part une lettre de Cioran, une lettre étrange, rédigée en deux temps, avec un long intervalle entre les deux. Il réagissait à un article que j'avais consacré à l'un de ses livres, livre désabusé, cynique, pessimiste comme les autres. Il protestait d'abord contre ma lecture ; puis, son irritation surmontée, il l'acceptait. Il est possible que j'aie été déloyal à son égard. La rédaction de cet article s'était faite dans la douleur, durant les semaines où Roland était entre la vie et la mort. Après lui avoir rendu visite à la Salpêtrière, de retour chez moi je détestais Cioran et je me vengeais. Dans le passé, son œuvre m'avait séduit, mais le moment n'était pas le bon pour le lire ni pour écrire sur lui, tandis que Roland agonisait. Revenu à ma table de travail, je passais ma rage sur Cioran, qui paya pour la passion de Roland. Je ne répondis pas à sa lettre et je m'abstins longtemps de rouvrir ses livres, mais je gardais le sentiment que j'avais commis une injustice. Après ce que j'appris de lui dans sa nécrologie, je me dis qu'il y avait eu tout de même une justice et je pus me remettre à le lire, mais la lecture de Cioran restera toujours inséparable pour moi de la mort de Roland.

Une fois, j'avais retrouvé Roland au théâtre Récamier pour une soirée d'hommage aux dissidents soviétiques. On protestait, je pense, contre la visite de Brejnev à Paris, et tout un beau monde était là réuni, dont Sartre et Beauvoir, Deleuze et Foucault, François Jacob et Laurent Schwartz. Divers moments de ma vie se rencontraient (à dix-huit ans j'étais abonné aux *Temps modernes*, Laurent Schwartz fut le professeur qui m'impressionna le plus, toutes disciplines confondues). Roland déjeunait avec Giscard d'Estaing quelques mois plus tôt et cédait aux avances de B.H.L., flirtait avec le mouvement antitotalitaire. Ses conduites n'étaient pas cohérentes, mais témoignaient de son indépendance. Ce jour-là, l'ambiance me gagna comme rarement. Dieu sait pourquoi, peut-être parce que je n'avais pas participé à un rassemblement aussi œcuménique depuis longtemps (depuis la manifestation pour Pierre Overney, où j'avais eu si peur lors de la dispersion à Stalingrad), ou parce que le meeting n'avait pas lieu à la Mutualité, cadre trop familier, je garde un étrange souvenir de cette soirée, comme si elle avait eu lieu dans les années 1930 et que nous eussions revécu miraculeusement un moment de l'avant-guerre. Je nous revois à la sortie, coincés dans l'impasse par la foule quittant la salle, tardant à nous éloigner. Roland portait une sorte de trench-coat ou de canadienne au col remonté (non le caban râpeux du Comptoir maritime de Granville), vêtement digne de ces années-là.

Plus tard, lorsque je préparai un numéro de *Critique* en son hommage, je choisis pour la couverture une photographie de lui que j'avais aperçue à Venise, dans le salon de Mario et Franca Baratto, couple idéal d'intellectuels communistes qui donnait au jeune homme naïf que j'étais encore la nostalgie de ces années 1950 où l'on pouvait être beau et intelligent, membre du PCF ou mieux, du PCI, sans trop d'états d'âme, fréquenter Aragon et Elsa, et s'enthousiasmer pour Brecht et le Berliner Ensemble, comme Roland l'avait fait tout un temps. La photo avait été prise ce soir-là sur les marches du théâtre Récamier, par Silvio, le fils du premier mariage de Franca, fille d'un professeur italien réfugié à Toulouse sous Mussolini, avec Horace Torrubia, héros de la guerre d'Espagne. Voilà sans doute l'obscure raison pour laquelle je confonds notre meeting antitotalitaire de la fin des années 1970 avec une réunion antifasciste quarante ans plus tôt. On y voit Roland avec son col moelleux, lui qui aimait les blousons et les pulls douillets, gris ou beiges, chinés, les lainages, les tweeds. Ses yeux sont grands ouverts. Il a l'air militant, presque conquérant. Le cliché est médiocre, non posé, bougé, mais je le préfère à tous les autres.

Chez ceux que l'on aime, il y a toujours des petites choses qui vous irritent, des tics, des rites. Puis, quand ils ne sont plus là, ce sont ces détails crispants que l'on se rappelle avec le plus d'émotion. Chez mon père, m'énervait sa manie de m'appeler « mon fils ». J'avais vingt ans, trente, quarante, cinquante, bientôt soixante ans, et il m'appelait toujours « mon fils » quand je lui rendais visite : « Bonjour, mon fils » et « Au revoir, mon fils ». Depuis sa mort, c'est ce mot qui me revient à l'esprit quand je pense à lui et que je me retrouve devant l'évidence que plus jamais personne ne m'appellera « mon fils ». Chez Roland, c'était sa complainte initiale qui m'agaçait, quand je le retrouvais et qu'il passait en revue les demandes dont il se jugeait accablé et qui l'empêchaient de vivre sa vie (mais quelle vie ?). J'étais démangé de l'envie de le secouer, de le bousculer, mais, comme avec mon père, je me retenais, montrant tout de même parfois que j'étais excédé. Maintenant, je pense avec tendresse à ses jérémiades, qui étaient sa façon à lui de demander de l'attention et de l'affection.

Quelques années avant la fin du siècle dernier, en vue d'une communication à un colloque universitaire sur le thème, me semble-t-il, du « livre imaginaire », je me rendis à l'Imec, l'institut, alors installé rue Bleue, où les archives de Roland avaient été déposées par son frère. Je m'étais décidé à consulter le manuscrit des derniers cours de Roland sur la préparation du roman. Que son projet ait été utopique ou réaliste, la mort l'avait en tout cas interrompu ; le livre pouvait donc être qualifié d'imaginaire sans abus de langage.

Cette visite n'allait pas de soi. À la fois curieux et timoré, j'avais longtemps hésité avant de l'accomplir. Une fois la résolution prise, je déambulai encore dans le quartier le jour dit, lanternai dans une cristallerie de la rue de Paradis, traînassai au coin de la rue Papillon, devant l'immeuble que l'un de mes grands-oncles, un original, habitait quand j'étais enfant. Le bâtiment, jadis délabré, avait été rénové. Je me rappelai mon ennui dans l'appartement obscur de mon oncle quand il me fallait y accompagner mon père. Ces manœuvres avaient pour but de retarder une démarche qui signifiait que le temps du deuil était terminé. Je faisais l'autruche. Je ne me sentais pas encore prêt à dépouiller froidement les brouillons de Roland. Le geste conservait quelque chose d'une profanation. Peu après la mort de Roland, quand je m'étais mis à travailler sur le fonds Proust de la rue de Richelieu, l'émotion était souvent si intense que je devais interrompre ma tâche et sortir pour prendre l'air, par exemple en lisant les versions successives de la seconde arrivée du héros à Balbec, quand il se penche pour retirer sa bottine et comprend soudain qu'il ne reverra jamais plus sa grand-mère, qu'elle ne frappera plus jamais derrière la cloison pour lui dire bonsoir. Je n'ai jamais pu travailler avec sérénité sur ces pages qui me reconduisaient immanquablement aux deuils qui m'avaient affecté, dont celui de Roland. Déchiffrer son écriture familière sur des feuillets qu'il ne m'avait pas adressés ou qu'il ne m'avait pas demandé de lire, transformer ses brouillons en un objet d'érudition philologique, je n'étais pas sûr de le vouloir ni pouvoir.

Je pénétrai pourtant sous le porche de la rue Bleue, entrai dans la salle de lecture, fis ma demande au magasinier. Attendant le retour de celui-ci, je regardai autour de moi. Plusieurs jeunes étudiants américains, des casques sur les oreilles, écoutaient sagement les cours de Michel Foucault en prenant des notes. Or, après un moment qui me parut long, le magasinier revint bredouille. Le manuscrit du cours sur la préparation du roman ne reposait pas à sa place dans les rayons. Il avait pris la poudre d'escampette. J'aurais dû m'inquiéter de cette disparition, mais, assez lâchement, j'éprouvai d'abord un sentiment de soulagement. Gêné, le préposé me conseilla de revenir le lendemain, confiant que le manuscrit aurait été retrouvé d'ici là. Je me rappelai les anecdotes que l'on racontait à la Bibliothèque nationale, sur les éminents lecteurs qui, bénéficiant de privilèges avant la démocratisation de l'enseignement supérieur et de la recherche, étaient naguère autorisés à emprunter les ouvrages. Un livre rare était revenu avec, en guise de marque-page, une tranche de jambon blanc. Ce souvenir me détendit. Le lendemain, le rituel propitiatoire ne fut pas nécessaire, je ne flânai pas rue de Paradis et me rendis tout droit rue Bleue, où le dossier désiré m'attendait.

Je m'y plongeai, le lus d'une traite, comme magnétisé, en quête moins de substance pour la communication prévue que d'indices qui me rendraient présent le Roland que j'avais connu. Ce jour-là, deux constats m'accablèrent, qui dénotaient chez lui une dépression plus grande que celle que j'avais soupçonnée.

Roland s'était attelé à sa dernière série de cours lors de son retour à Paris au début de l'automne, après avoir mis au point son livre sur la photographie, et il en avait terminé avec sa rédaction entre la Toussaint et le jour des morts. Quand il avait prononcé ses leçons au cours de l'hiver, il n'avait rien changé aux mots qui étaient déjà écrits, comme si sa pensée s'était arrêtée au cours des semaines et des mois écoulés entre-temps, comme si elle s'était figée, immobilisée, qu'elle n'avançait plus. Je ne concevais pas qu'il ait pu n'avoir rien du tout à ajouter ou à modifier dans des notes, par nature labiles, mais qui cette fois n'avaient plus rien d'un *work in progress*, comme s'il avait mis un point final à sa réflexion, n'y pensait plus, comme si cette « préparation du roman », ou le roman lui-même, était derrière lui. Ses seules variantes orales remarquables consistèrent à censurer les moments les plus désolés ou intimes de son cours écrit, par exemple quand il y attribuait au deuil subi deux ans plus tôt la faillite de son désir de roman. Il avait même arrêté de tenir le journal de ses « vaines soirées ».

L'autre chose qui m'étonna dans son manuscrit fut la dégradation de son écriture, de sa belle écriture penchée, dans les notes qu'il avait prises pour encadrer les extraits de son cours qu'il avait retenus pour sa conférence à Polytechnique. La chemise était là. Les feuillets empruntés au cours ayant retrouvé leur place, elle ne contenait plus que l'introduction et la conclusion préparées pour la circonstance. Je n'y reconnaissais plus la calligraphie que j'avais aimée ; ses lettres, d'habitude coulées, gracieuses, attrayantes (par exemple ces consonnes qui allaient chercher la voyelle en avant pour l'enlacer, ces *c* ou ces *l* qui se glissaient sous le *a* ou le *o*), partaient cette fois dans tous les sens, sous l'effet de médicaments peut-être, à moins que ce ne fût tout simplement la conséquence des cahots du RER, si Roland avait emprunté ce moyen de transport pour nous rejoindre à Palaiseau (on a vu que ce n'était pas le cas, comme il me fut rappelé après que j'eus écrit ces lignes).

Je passai quelques après-midi de cet été-là rue Bleue, donnai ma communication sur le « livre imaginaire » de Roland. Que disait-elle ? Je n'en sais plus rien, mais par la suite, quand le cours sur la préparation du roman fut publié, j'en fis un compte rendu, et ce livre, même sous sa forme inachevée, parfois sommaire, reste l'un de ceux de Roland auxquels je suis le plus attaché, non seulement pour les raisons que j'ai pu indiquer dans ces articles, mais parce qu'il conserve à mes yeux la trace du dernier Roland et qu'il est inséparable des moments de souvenir que j'ai passés à le lire dans le manuscrit.

L'autre jour, lors d'un débat au Salon du livre, l'hôte me présenta comme un « spécialiste » de Roland. Je l'ai aussitôt repris. Non, je n'ai rien d'un expert de l'œuvre de Roland. À partir du moment où je l'ai connu, je n'ai plus été en mesure de le lire comme un étudiant, ni plus tard comme un professeur. Si, me laissant faire, j'ai publié quelques articles sur certains de ses livres, ou plutôt sur lui, l'homme et l'œuvre devenant peu détachables pour celui qui a fréquenté un écrivain, surtout dans le cas des ouvrages publiés au temps de leur amitié, dont ils ont accompagné le progrès, je ne l'ai plus lu qu'en amateur attentionné, jamais en connaisseur savant.

Plus tard encore, bien plus tard, quand son journal de deuil fut publié à son tour, fait de notations consignées sur des fiches durant l'année qui suivit la mort de sa mère, je me sentis d'abord ridiculisé, presque humilié, par le rôle que j'y tenais, ou qu'il m'y faisait tenir. J'y figurais comme le porte-parole de la raison, l'avocat du bon sens, le défenseur de la norme. J'étais celui qui employait le terme de *deuil*, rappelait à Roland cet affect, là où il voulait s'en tenir au *chagrin*, émotion indéfinie, affliction perpétuelle. J'étais la voix du deuil, et il n'était sans doute pas indifférent que le récit qui avait jeté un froid entre nous quelques mois plus tôt, celui que Roland m'avait contraint de retirer à Lambrichs, fît allusion au deuil dans son titre. J'étais devenu à ses yeux le maître du deuil, de ce deuil dont il ne voulait pas entendre parler, parce que le deuil implique une sortie, parce que la notion même de deuil prévoit une issue (on « fait son deuil », le deuil est un temps dont on s'arrachera), pour rester dans le chagrin, lequel serait sans terme. Insistant sur le deuil, reconduisant Roland à son deuil, je me plaçais du côté de la vie, de l'avenir, et cela lui était insupportable. J'incarnais la doxa, l'étroite pensée petite-bourgeoise, voire le fascisme de la langue.

Pourtant, Roland emploie lui-même le mot de *deuil* dans ses notes, et même dès la première, le lendemain de la mort de sa mère (tout juste soixante et un ans après le torpillage du chalutier *Montaigne*), car il est impossible de s'en passer. Si le titre de *Journal de deuil* est bien de lui, non des éditeurs, il a donc pensé sous ce vocable le recueil de ses fiches sur son chagrin. Il admettait que la notion ne soit pas aberrante, mais il en refusait l'application à lui-même, à son propre cas, attitude qui, après tout, semble consubstantielle au deuil, le déni du deuil étant inséparable du deuil. Il luttait avec le deuil, car le deuil est une lutte, comme on dit en italien *lutto*, du latin *luctus*, et comme en français nous n'avons plus que l'adjectif *luctueux*, que je n'avais jamais eu l'occasion d'utiliser jusqu'ici.

À ce moment-là (je veux dire au moment où parut ce *Journal de deuil*), mon cours du Collège de France avait pour libellé « Écrire la vie ». Je parlais de Montaigne et de Stendhal, mais je me décidai à improviser une ou deux séances sur le livre posthume de Roland, sur la mort dans l'écriture de la vie. Je n'osai pas traiter trop directement de mon humiliation dans ces pages. J'écrivis quelques réflexions à ce sujet, mais je me retins de les prononcer et me contentai de remarques impersonnelles.

Je croyais avoir emprunté l'expression même « Écrire la vie » au cours de Roland sur la préparation du roman. Quand Annie Ernaux, que j'avais invitée à mon séminaire, me demanda de reprendre ce titre pour le recueil de ses romans à paraître chez Gallimard, je lui répondis qu'elle était d'autant plus libre de le faire que ce titre ne m'appartenait pas, mais venait de Roland. Lorsque je la revis à l'occasion d'un entretien à la radio, elle m'apprit qu'elle avait cherché, mais n'avait retrouvé nulle part cette expression chez lui. À vrai dire, je n'en sais plus rien.

De l'enterrement de Roland à Urt, je n'ai pas de souvenirs du tout. Je sais que je suis descendu avec Patrizia, que nous avons passé la nuit à Pau, chez ma

sœur, que je lui ai emprunté sa voiture pour rejoindre
Urt. Je nous revois vaguement réunis autour de la table
de la salle à manger, avant ou après le passage au cime-
tière, Michel, Jean-Louis et Youssef, Éric, François, sans
doute Philippe Rebeyrol (j'aimerais avoir un ami dont
je sois resté aussi proche depuis la classe de quatrième,
comme Roland et Philippe Rebeyrol, qui l'accueillit
à Tunis après la mort de sa mère), sûrement d'autres
encore. Ce bref séjour à Urt reste comme un trou noir,
et nous reprîmes la route pour Pau et le train pour
Paris.

Quand la mère de Roland mourut à plus de quatre-
vingts ans, ses deux fils, qui avaient atteint la cinquantaine et la soixantaine, vivaient encore avec elle,
partageaient le même petit appartement parisien
depuis des décennies. L'été, le trio migrait à Urt, où la
maison n'était pas non plus très spacieuse. Les repas,
préparés par la mère, étaient pris en commun, ainsi
que le thé. Cette longue vie commune faisait l'admiration de tous, et je n'ai jamais entendu personne la
juger autrement que touchante ou même sublime,
par la dévotion mutuelle qu'elle révélait, mais cette
extraordinaire cohabitation laissait aussi imaginer une
dépendance plus inquiétante, non seulement entre
les deux frères, mais aussi entre eux et leur mère.
Comment cette femme douce, discrète, généreuse, qui
m'a accueilli avec tant de bienveillance à Urt, avait-
elle réussi à garder ses deux grands fils auprès d'elle ?
N'était-ce pas ce qu'elle avait désiré ? Quand Roland,
guéri de la tuberculose, prit un poste à l'Institut français

de Bucarest à la fin des années 1940, elle l'accompagna pour tenir son ménage. À Paris, Roland s'échappait en fin d'après-midi, vivait sa vie quelques heures durant, avant de rejoindre le nid maternel. Cette mère qui ne demandait rien obtenait tout ; elle avait réussi à faire de ses fils des prisonniers. Femme remarquable, elle devait aussi être redoutable. Les choses sont toujours plus compliquées qu'elles n'en ont l'air. Moi qui ai perdu ma mère tout jeune, et qui en ai souffert, je me dis que par un autre côté il se peut que je l'aie échappé belle.

Juste après la mort de Roland, je partis pour Londres, pris un poste à l'Institut français, donnant des cours du soir et passant mes journées à la British Library. Là-bas, j'entamai une recherche sur Gustave Lanson, le fondateur de l'histoire littéraire à la française, le père de la tradition universitaire contre laquelle Roland s'était dressé (et qui lui avait rendu la pareille). J'avais besoin d'en savoir plus. Mes aînés s'étaient rebellés contre le lansonisme de la Sorbonne, étroitement identifié à la recherche des sources et des influences littéraires. Moi non. On explique volontiers l'engagement de toute une époque dans la nouvelle critique par sa réaction contre l'histoire littéraire. Affaire de génération, aussi de hasard, j'ai peu connu le lycée, trop tard pour avoir été marqué par les manuels familiers, aux noms doubles comme les ascenseurs. Quand je suis revenu en France, je lisais tout seul. Et quand je suis arrivé à Paris et que j'ai voulu voir ce qui se faisait en faculté des lettres, le lansonisme avait été abattu. Je n'ai jamais eu à réagir contre une aliénation qui ne m'avait pas frappé. Ma curiosité tardive pour Lanson était dictée par l'ignorance : la première fois que j'ai entendu son nom, je l'ai écrit avec une cédille, comme la rue du treizième arrondissement où habitait un ami.

Ayant quitté Paris parce que l'université française paraissait m'être fermée, je souhaitais en savoir plus sur l'histoire d'une institution qui me refusait et sur les vicissitudes d'une discipline à laquelle je prétendais me vouer. On me demande parfois comment je suis passé des sciences aux lettres, du métier d'ingénieur à celui de professeur, pourquoi je ne suis pas resté un ingénieur humaniste. J'élude la question, qui m'intéresse médiocrement et qui m'irrite même passablement. Je clos le débat en prétendant que la conversion s'est déroulée en douceur, sans drame, sans miracle sur le chemin de Damas. Pourtant il n'allait pas de soi de transformer le goût des lettres en emploi de professeur, surtout à ce moment-là. Et les années de transition ont été celles durant lesquelles j'ai connu Roland, non qu'il l'ait encouragée (j'ai dit combien il respectait la liberté des autres), mais il y a assisté, il m'a entendu en parler. De cela, je lui suis redevable.

Roland, hostile à un départ pour l'étranger (il évoquait rarement ses séjours à Bucarest et à Alexandrie, comme s'ils l'avaient peu marqué) avait bien tenté de m'aider à trouver un poste en France. Quand il comprit, après que j'eus soutenu ma thèse, que je ne retournerais pas au métier d'ingénieur, ce fut son vieil ami et complice Robert Mauzi, l'éminent spécialiste du XVIIIᵉ siècle et le grand amateur de la poésie contemporaine, alors professeur à la Sorbonne, qu'il m'envoya consulter.

L'entretien fut déroutant. Mauzi, dans un appartement qui avait été coquet, à mi-chemin entre les Invalides et le Champ-de-Mars, me fit asseoir sur une chaise posée à côté d'un immense écran de télévision en couleur. Il baissa le son et continua, me faisant face, assis sur le canapé, à suivre son programme tandis que je lui exposais mon cas. Comme il m'avait donné rendez-vous au milieu de l'après-midi, un dessin animé pour enfants devait l'absorber avant mon arrivée, à moins que ce ne fût une série américaine pour ménagères de moins de cinquante ans. Je peinais à me faire entendre. Roland, qui ne le voyait plus beaucoup, et pour cause, ignorait la profonde dépression dans laquelle son ami s'enfonçait, bien pire que celle que Roland lui-même traversa après la mort de sa mère. L'auteur de *L'Idée du bonheur au XVIIIe siècle*, l'un des tout grands livres d'histoire littéraire de l'époque, était l'un des hommes les plus malheureux que j'aie rencontrés (il avait failli être tué un peu auparavant par l'une de ses mauvaises fréquentations). Quelques mois plus tard, j'appris tout de même qu'il m'avait entendu et qu'il était intervenu, mais en vain, lorsque le rapporteur de mon dossier, de fait, une rapporteuse, s'était opposé à ma qualification par le Conseil national des universités, m'interdisant de me porter candidat à l'enseignement supérieur. L'année suivante, il paraît que l'on se souvint de sa protestation, et je fus qualifié, tandis que Roland décédait.

Roland me fit aussi prendre rendez-vous avec une jeune fonctionnaire de sa connaissance à la DGRST, la Délégation générale à la recherche scientifique et technique, sise au ministère de l'Industrie, me semble-t-il, organisme gaullien consacrant ses ressources principalement aux sciences dures et appliquées, et à la médecine, mais qui réservait quelques bourses aux sciences humaines (elles avaient financé au début des années 1960 la magnifique enquête de Plozévet, commune rurale dans le sud du Finistère où une troupe de chercheurs, dont Edgar Morin, l'ami de Roland, s'était installée durant cinq ans pour étudier la modernisation de la société française). Je remplis un dossier qui s'égara dans les sables entre la rue de Grenelle et la rue Saint-Dominique, mais une retombée imprévue de cette entreprise fut un dîner chez cette dame, qui nous invita, Roland et moi. Elle et son mari, lui aussi jeune et haut fonctionnaire aux dents longues, venaient de s'installer dans un splendide appartement de la rue de Tournon, à deux pas du séminaire des Hautes Études, au coin de la rue Saint-Sulpice. Je garde un étrange souvenir de cette soirée. D'une part, ce fut la seule fois que j'acceptai une telle invitation avec Roland ; d'autre part, la tension dans le couple qui nous recevait était apparente et la conversation s'en ressentit. Cette jeune femme intense, qui était Thérèse Delpech, devint une belle intelligence des relations internationales. Nos chemins se croisèrent assez souvent par la suite. Je l'aperçus avec François Furet, puis dans un avion entre Paris et New York, ou dans un couloir de la Maison de la Radio, ailleurs encore. Nous bavardions un moment, nous nous promettions toujours de prendre rendez-vous, mais nous ne le faisions pas. Elle m'effrayait par son intransigeance et sa bellicosité, mais son énergie me plaisait, et j'ai appris sa disparition avec chagrin. À l'époque, elle avait cherché à m'aider par admiration pour Roland.

Dans les années qui suivirent la mort de Roland, il me fut parfois reproché de lui être infidèle. Je m'intéressais à l'histoire littéraire ; je publiais des ouvrages pesants sur des vieilles barbes comme Gustave Lanson et Ferdinand Brunetière ; j'établissais de lourdes éditions critiques dont personne de sensé ne consulte les variantes ; j'enrobais les plus beaux textes de *fæces literarum*, comme disait Rabelais ; je suis devenu professeur à la Sorbonne : tous accomplissements que Roland aurait dédaignés et grandeurs d'établissement qui ne seraient pas dignes d'un de ses anciens disciples. Les recherchant, je l'aurais renié. Du temps où j'enseignais à la Sorbonne, vers l'époque de la rentrée je croisai sur le boulevard Saint-Michel une dame distinguée, professeur de lettres dans le secondaire, à Neuilly sans doute, qui assistait régulièrement à mon séminaire. Elle s'enquit du sujet de la nouvelle année. « Sainte-Beuve », lui répondis-je. Elle leva les yeux au ciel et partit d'un grand éclat de rire tout en s'écriant : « "Un ancien élève de Roland Barthes qui nous bassine avec Sainte-Beuve !" comme disent vos étudiants. » Toute la journée qui suivit, repensant à la scène, j'étais pris d'un fou rire intérieur, comme si je leur avais fait une bonne blague.

Dans la presse, l'un ou l'autre compte rendu trouva à redire à mon amitié pour Marc Fumaroli, le successeur de Raymond Picard, défenseur des classiques et censeur de l'État culturel. On oubliait qu'ils s'étaient fréquentés et bien appréciés, que Marc assista au séminaire de Roland sur la rhétorique et qu'il y eut un temps où ils dînaient ensemble, avec Michel Foucault et Robert Mauzi. Et ce fut Roland lui-même qui prit rendez-vous pour moi avec celui-ci. Il est vrai que le spectacle de cette âme torturée et de cette intelligence désespérée n'était pas pour me faire songer qu'une carrière universitaire fût désirable. Je m'y engageai pourtant et, une quinzaine d'années plus tard, Robert Mauzi, dont l'état s'était peu amélioré, vint pour la dernière fois à la Sorbonne afin de participer à la séance du conseil qui m'y élut professeur : personne n'avait trahi Roland. Tous, nous lui étions fidèles, chacun à sa manière.

Parce que j'ai beaucoup lu les *Essais*, je sais qu'il y a deux formes de l'imitation. La première est le psittacisme, la répétition des perroquets ou les simagrées de ceux qu'Érasme traitait de singes de Cicéron, lesquels s'interdisaient tout vocabulaire, le moindre tour de phrase qu'ils n'eussent pas trouvé chez leur modèle. Montaigne, formé dans la tradition antique, la comparait à la régurgitation d'aliments non digérés. L'autre imitation est celle qui assimile et adapte. Érasme réclamait un syncrétisme qui alliât les auteurs anciens et la foi chrétienne, et Montaigne illustrait cette bonne imitation par la cueillette de l'abeille qui va de fleur en fleur pour en faire un miel tout sien.

J'ai fait mon miel de Roland sans jamais le copier ni le contrefaire.

La Bibliothèque nationale de France, il y a plus de quinze ans, avait conçu une soirée Proust. Sur ma suggestion, on montra d'abord l'extraordinaire « Portrait-Souvenir » que Roger Stéphane avait réalisé pour la télévision en 1962 et que je connais par cœur. On voit, on entend les contemporains de Proust, très âgés à présent. Daniel Halévy, qui mourra dans l'année, évoque son camarade qui s'approchait de lui par-derrière dans la cour du lycée Condorcet et posait la main sur son épaule. Paul Morand s'exprime dans une langue française qui n'a plus cours, aligne les imparfaits du subjonctif en veux-tu, en voilà, et, pour décrire l'éternel manteau de Proust, se plaît à prononcer « p'lisse » à tout bout de champ. Puis Céleste tire la couverture à elle en racontant les derniers instants de l'écrivain et en se tamponnant les yeux avec son mouchoir. Ses larmes agaceront Mauriac.

On écouta ensuite une émission de France Culture où Roland, peu avant sa mort, déambulait dans les rues de Paris en discourant devant les lieux où Proust avait vécu. Je me souvenais de cet enregistrement, de conversations avec lui à son propos. Entre Saint-Augustin et la Madeleine, la rue de Courcelles et le lycée Condorcet, ce quartier est le mien, alors que Roland a toujours été un homme de la rive gauche, comme Gide, lequel expliqua par l'hiatus quasi infranchissable entre les deux rives le refus de *Du côté de chez Swann* par les fondateurs de la NRF. Roland n'avait jamais habité ailleurs qu'à Saint-Germain-des-Prés depuis qu'il était arrivé à Paris enfant avec sa mère, mais il s'intéressa de plus en plus à Proust durant ses dernières années, du temps de sa conférence « Longtemps, je me suis couché de bonne heure », puis de son cours sur la préparation du roman, où l'auteur de la *Recherche du temps perdu* est omniprésent. Le jour de son accident, il se rendait au Collège afin de préparer des séances de séminaire sur les photographies du monde de Proust par Paul Nadar. Curieusement, il revenait vers les témoignages, la correspondance, les sources du roman, les modèles des personnages. Jadis, pour justifier son intérêt pour la biographie de Proust par George Painter, il avait prétendu que la vie de l'écrivain prolongeait son œuvre au point de ne pas s'en distinguer. Désormais souverainement indifférent au qu'en-dira-t-on, il ne jugeait plus opportun d'invoquer une excuse de ce genre.

Dans l'extrait entendu au fond du caverneux et funèbre auditorium de la nouvelle bibliothèque de Tolbiac, Roland se trouve sur le trottoir du boulevard Malesherbes, au pied de l'immeuble haussmannien que la famille Proust habita durant l'enfance de Marcel, il désigne le balcon du deuxième étage et rappelle que le jeune Marcel voyait de là les affiches annonçant les spectacles des théâtres parisiens (Sarah Bernhardt, la Berma) sur la colonne Morris au coin du boulevard, ou encore qu'il guettait de cet observatoire le passage de Marie de Benardaky, modèle de Gilberte, en chemin vers le jardin des Champs-Élysées avec sa gouvernante. J'écoute distraitement, absorbé par la voix de Roland, son beau timbre nasal, grave, chaleureux, envoûtant, sans prêter trop d'attention aux mots eux-mêmes et à leur sens. Soudain il me revint que les Proust ne logeaient pas sur la rue, mais dans la cour ; le jeune Marcel ne disposait pas d'un balcon d'où apercevoir la colonne Morris et repérer la petite Benardaky. Dans cet auditorium, plusieurs centaines de personnes croiront à présent le contraire. Pour Roland, il allait de soi que l'appartement des Proust, famille grand-bourgeoise, donnât sur le boulevard, fût situé à l'étage noble. Suis-je vraiment devenu un détestable positiviste, un sinistre cuistre, pour me tracasser de semblables bricoles, dignes des notes en bas de page dans les poussiéreuses éditions savantes auxquelles j'ai perdu mon temps ? Après tout, quelle importance que tous ces gens sortent d'ici en se trompant sur la topographie exacte du domicile des Proust, si Roland leur a donné envie de lire la *Recherche* ?

Lors de mes visites de campagne pour le Collège de France, j'ai rencontré un seul professeur qui y avait connu Roland : le neurobiologiste Jean-Pierre Changeux, qui, bien que plus jeune d'une vingtaine d'années, y était entré avant lui et qui, me dit-il, avait voté pour lui (il vota aussi pour moi, je le soupçonne). L'élection de Roland ne fut pas chose facile. Emmanuel Le Roy Ladurie et Georges Duby, connaissances de l'École pratique, avaient été les premiers partisans de sa candidature. Foucault s'y était rallié, ou résigné, après avoir exploré d'autres pistes qui n'avaient pas abouti. Comme il s'agissait de la succession d'un helléniste parmi les plus éminents du siècle, archéologue et épigraphiste illustre, Louis Robert, le commandeur des études grecques, qui, élu tout jeune avant la Seconde Guerre mondiale, occupait sa chaire depuis trente-cinq ans, l'enjeu n'était pas mince et opposait franchement les anciens, réunis derrière Jean Pouilloux, lui aussi archéologue et épigraphiste, éditeur de Philon d'Alexandrie, membre de l'Institut, et les modernes. Les supporters de l'érudition votèrent comme un seul homme contre Roland, qui fut élu à une seule voix de majorité, grâce au soutien de la plupart des scientifiques. Il serait amusant de disposer de son journal de campagne, comme on connaît celui de Maurice Halbwachs, qui fit ses visites en 1942 et 1943, sous Vichy. On verrait comment les différents professeurs le reçurent, s'ils s'engagèrent, qui le soutint, qui le découragea. Je me rappelle mes propres démarches, l'hostilité de certains électeurs influents, dont l'un que je connaissais pourtant depuis toujours, la sympathie inattendue d'autres professeurs, mais j'étais un candidat moins controversé que Roland, plus ordinaire à tous égards. Son élection n'avait rien d'assuré. Les scientifiques se méfient des littéraires qui se piquent de pratiquer une science des lettres et préfèrent les humanistes purs. Or Roland avait eu sa période scientiste, dont il était toutefois sorti : il aurait pu réunir contre lui tant les scientifiques que les érudits, ce qui ne lui aurait plus laissé grand monde, et je ne pense pas qu'il eût conclu, à la manière avantageuse d'Halbwachs, que tous ceux qui avaient voté pour lui l'avaient fait avec des arguments scientifiques, tandis que les autres avaient eu des arrière-pensées politiques. Claude Lévi-Strauss, qui n'avait jamais pris au sérieux ni la définition du mythe ni l'ambition structuraliste de Roland, s'était tout de même laissé convaincre.

Aujourd'hui, j'ai tout juste atteint l'âge qu'avait Roland lors de sa mort. Il parlait depuis un moment de prendre sa retraite du Collège, où il ne s'épanouissait pas comme dans son séminaire des Hautes Études. Les circonstances de son enseignement le lassaient. Quelle tournure aurait prise la suite de son existence si l'accident n'avait pas eu lieu ou s'il s'en était remis ? Je me suis parfois posé cette question absurde, par exemple en me réveillant après avoir rêvé de lui. Se serait-il retiré pour de bon ? Aurait-il mené sa *vita nova*, à la vraisemblance de laquelle les exégètes plus compétents que moi semblent ne pas croire ? Nous qui le fréquentions dans les années 1970, rejetons du *baby boom*, nous oubliions qu'il avait été gravement malade dans les années 1930 et 1940, quand nous n'étions pas nés, qu'il avait séjourné durant de longues années en sanatorium, entre la vie et la mort, dans des sortes de limbes ou de grandes vacances neigeuses d'adolescents attardés. Nous ne savions plus ce qu'avait été la tuberculose avant le traitement par la pénicilline, et lui-même en parlait peu, revenait rarement sur le passé.

J'avais lu *La Montagne magique* (Juliette me l'avait fait lire au cours d'un séjour en Suisse, entre des courses de ski de fond) et je questionnai Roland. À ma surprise, il ne connaissait pas le roman de Thomas Mann, ou bien il l'avait oublié, ou bien il refusait de s'en souvenir. Il dirigea par la suite une thèse sur les représentations de la tuberculose, dont l'auteur, ou plutôt les deux auteurs vinrent parler au séminaire (la thèse avait été écrite à quatre mains si la chose est possible, mais tout était permis en ces années libérales). Dans sa leçon inaugurale, Roland évoque, pour la première fois ouvertement, me semble-t-il, la tuberculose de sa jeunesse (elle est mentionnée de manière plus allusive dans son autoportrait). « J'ai relu *La Montagne magique* », dit-il pour introduire le propos. Lu ou relu ? Il n'avait jamais cité, je crois, le roman de Thomas Mann jusque-là, mais la tuberculose lui était de nouveau présente à l'esprit, sous la forme de la vie au sanatorium, envahi qu'il était par le pressentiment qu'il vivrait bientôt seul, ce qui ne lui était jamais arrivé jusque-là. Il repensait à l'emploi du temps, au régime de Saint-Hilaire-du-Touvet et de Leysin, et il les comparait à la règle monacale à l'occasion du cours qu'il préparait sur le « Vivre ensemble », ensemble, mais chacun chez soi.

Roland fumait, fumait même beaucoup, des cigarettes au séminaire et dans les cafés, un cigare après chaque repas. Dans une petite émission de télévision que je viens de regarder sur YouTube, réalisée l'année où je l'ai rencontré et qui me le rend tel que je l'ai connu, chez lui, revêtu d'un pull-over trop large ou détendu, avec ses crayons, ses pinceaux, sa bouilloire électrique rangés derrière lui, il ne cesse de jouer avec son paquet de cigarettes, roule une cigarette entre ses doigts, les allume une après l'autre à la chaîne, s'y reprend à trois fois pour actionner la molette de son briquet, et les nuages de fumée, s'échappant de ses narines ɔu remontant du cendrier, envahissent tout l'écran. Il écoute les questions avec la clope au coin des lèvres et il commence de répondre sans la retirer, clignant des yeux pour éviter les volutes, ressemblant à Pompidou dans les mêmes années. Roland ne se privait pas. Cela ne se voyait pas, mais sa santé était marquée par la maladie. Quand sa mère ne put plus escalader ses cinq étages, il s'installa avec elle au deuxième, mais, après la mort de sa mère, il resta dans cet appartement, remontant de plus en plus rarement dans son ancien bureau du grenier car les escaliers lui étaient devenus pénibles à lui aussi. Nous avions remarqué que son souffle était plus court, qu'il s'arrêtait parfois dans la rue. Roland est mort de sa vieille tuberculose, moins du choc de l'accident que des séquelles de sa maladie de jeunesse, de la faiblesse de ses poumons qui le lâchèrent peu après qu'il fut hospitalisé dans un état d'abord jugé bénin.

Il ne m'est pas toujours facile, je ne le dissimule pas, de me replonger dans ses livres, dont j'aime certains et moins d'autres. J'ai dit que je devais mettre en garde mes étudiants contre sa lecture de Racine, qui en ôtait le tragique. Le jour où j'ai été reçu à Polytechnique, je l'ai dit aussi, je me suis offert S/Z (drôle de récompense), mais, quand j'ai mis le livre au programme d'un cours il y a déjà une vingtaine d'années, je l'ai trouvé, au-delà du programme initial et séduisant des différents codes d'analyse de la nouvelle de Balzac, un peu laborieux. Lévi-Strauss en avait fait un pastiche que Roland aurait pris pour un hommage (je ne suis pas certain de ce que vaut l'anecdote).

Peut-être ne devrait-on pas écrire sur un écrivain que l'on a connu. Proust faisait le procès de Sainte-Beuve en demandant : « En quoi le fait d'avoir été l'ami de Stendhal permet-il de mieux le juger ? » C'était une question rhétorique et lui-même savait très bien à quoi s'en tenir. Il avait reçu cette réponse de son ami Louis d'Albufera après lui avoir réclamé son avis sur *Du côté de chez Swann*, dont il lui avait dédicacé un exemplaire à la parution : « Si je l'ai reçu, tu peux être sûr que je l'ai lu, mais je ne suis pas certain de l'avoir reçu. » Les jeunes gens qui n'ont pas fréquenté Roland, qui sont nés après sa mort et qui découvrent aujourd'hui ses livres, sont mieux placés pour en parler. Ils éviteront les erquements d'une Mme de Villeparisis grondant le héros de la *Recherche du temps perdu* lorsqu'il avouait son admiration pour Stendhal : « Mon père qui le voyait chez M. Mérimée – un homme de talent, au moins, celui-là – m'a souvent dit que Beyle (c'était son nom) était d'une vulgarité affreuse, mais spirituel dans un dîner, et ne s'en faisant pas accroire pour ses livres. » On a commencé à dire des choses intéressantes sur Proust après la disparition des derniers témoins, une fois que l'écrivain fut libéré de ses ennemis et surtout de ses amis. *Tu quoque*, dira-t-on. Jusque-là, Proust avait été le prisonnier de ses moindres relations qui publiaient leurs maigres souvenirs sous prétexte qu'ils avaient reçu quelques lettres de lui.

Dans un livre que j'ai publié il y a une dizaine d'années, *Les Antimodernes*, j'ai fait de Roland l'un des écrivains désignés par le titre : un antimoderne, c'est-à-dire un moderne averti, un moderne authentique. C'était ma lecture, rue Bleue, du manuscrit du dernier cours de Roland, sur la préparation du roman, qui m'avait suggéré cette idée. Il y doutait des dogmes modernistes comme la nouveauté à tout prix ou l'invocation du futur, il marquait ses distances par rapport à la difficulté caractéristique des textes avant-gardistes, il manifestait sa sympathie pour ce qu'il appelait « l'arrière-garde de l'avant-garde », position qu'il aurait désiré occuper. À la même époque, sa chronique nostalgique dans *Le Nouvel Observateur* s'apparentait à une récrimination plus classique contre le monde moderne. La bien-pensance n'émanait plus de la petite bourgeoisie conformiste, comme après la guerre, au temps des *Mythologies*, mais animait l'autosatisfaction des gens de mon âge, la classe des anciens soixante-huitards arrivés, que l'on commençait d'appeler « bourgeois-bohèmes » ; la mauvaise foi, la duperie de soi, autres noms de l'idéologie, n'étaient plus de droite, mais de gauche. La cible étant plus difficile à cerner, Roland renonça bientôt à la croquer dans l'hebdomadaire. Pour suivre mon idée, j'avais relu ses premiers articles et relevé ses réticences anciennes envers la mode des avant-gardes contentes d'elles-mêmes.

Cette thèse a pu déplaire et elle a été contestée. Certains y ont vu un blâme. Tout au contraire, Roland se trouvait ainsi rangé aux côtés des meilleurs des modernes, non dupes, soucieux du regret attaché à tout progrès, comme Chateaubriand, Baudelaire ou Proust, ses phares. Loin de le charger, je sauvais Roland des engagements aveugles de quelques-uns de ses compagnons (rien de plus désabusé que le récit de son voyage de 1974 en Chine avec les activistes de *Tel Quel*). Cette thèse, je la formulais aussi parce que j'avais été proche de Roland au cours des dernières années, parce que j'avais suivi le mouvement de son écriture depuis sa petite autobiographie, à travers ses figures du discours amoureux et son essai sur la photographie, parce que j'avais été attentif à ses comportements dans la vie quotidienne et sociale.

Enfin, j'y adhérais parce que nous nous étions entendus sur ce point. « Libéré de toute mode, sans être en deçà », c'était en ces termes que Roland avait qualifié le premier texte que je lui avais donné à lire il y a plus de quarante ans. Je n'avais aucun souvenir de cette formule. La retrouvant aujourd'hui dans l'une de ses lettres, elle me semble décrire au mieux ce front arrière de l'avant-garde où il voulait se cantonner, le lieu de la plus exigeante vigilance. Que le jugement s'appliquât valablement ou non aux pages que je lui avais alors montrées, je n'en ai pas la moindre idée, mais j'y retrouve la meilleure définition possible de ces flanqueurs que j'ai qualifiés d'écrivains antimodernes, et je sais très bien d'où me vient cet idéal.

Me rendant chez mon dentiste, j'emprunte l'escalier au lieu de prendre l'ascenseur comme d'habitude. Et je m'arrête net sur le pas de la porte du premier étage. Y est étendu un vaste paillasson bordé de rouge foncé au milieu duquel s'étalent deux grandes lettres capitales, écarlates elles aussi : « R. B. », les initiales d'un huissier ou d'un avocat. Elles me ramènent inopinément à

Roland. En chemin, je pensais à lui. La veille, je m'étais rendu à la Bibliothèque nationale pour le vernissage de l'exposition consacrée aux *Fragments d'un discours amoureux* à l'occasion du centenaire de sa naissance ; j'avais revu son écriture, ses carnets, ses cahiers, ses agendas, ses manuscrits ouverts sur des pages qui, toutes, éveillaient des souvenirs, parce qu'elles étaient contemporaines du petit paquet de lettres de l'été 1976 que j'avais prélevé pour le confier à Éric. Certaines de ces lettres, repensais-je, à les relire aujourd'hui comme si elles ne m'étaient pas adressées, me semblent très belles, curieusement littéraires et classiques. Roland décrit les sensations d'une matinée à Urt en véritable écrivain, à peu près comme Gide l'aurait fait. Ces pages donnent une image noble de Roland, à la fois sobre, dans la tradition des grandes correspondances d'écrivains, et sensible, familière. Je suis heureux et même un peu fier de les avoir reçues. Il aurait été désolant de ne pas les avoir conservées.

Roland, dans ma mémoire, ce seront à jamais quelques objets (« transitionnels », aurait-il dit, avec cette légère cuistrerie qui le rendait un peu bêta) : le Bic gris qu'il sortait de sa poche pour prendre des notes dans son petit carnet à spirale ; l'étui à cigares posé sur la table à la fin du repas ; le chèque plié en deux qu'il extrayait de son portefeuille pour régler l'addition au restaurant (il en avait toujours deux ou trois, jamais le carnet entier comme c'était l'usage avant la diffusion des cartes de crédit, habitude que je copiai sur lui) ; le champagne que nous bûmes au Pont-Royal lors de

notre premier entretien approfondi ; l'absurde pithiviers qu'il apporta un soir qu'il dînait chez moi en
tête à tête (je lui avais dit que j'aimais la frangipane, il
en profita) ; les boîtes de fiches qu'il bricolait à Urt ;
le luxueux coffret de pastels de chez Sennelier qu'il
m'offrit pour m'inciter à dessiner à sa façon (j'essayai,
cela ne donna rien de bon) ; le rêche caban qu'il s'était
acheté au magasin d'articles de marine lors de notre
excursion à Granville ; ses chaussures en pécari sur
lesquelles je jetai les yeux la dernière fois que je le vis
vaillant ; les livres qu'il m'a dédicacés : « Pour Antoine,
de son ami, Roland. »

Ce sont aussi des images ou des gestes : Roland
vidant son assiette comme un affamé, dévorant avec
les doigts ; Roland palpant son cigare, le faisant rouler
entre le pouce, l'index et le majeur, tandis qu'il l'allume lentement, tranquillement avec une longue allumette, tout absorbé par le rituel, silencieux ; Roland
au volant de sa Volkswagen rouge entre Bayonne et
Urt ; Roland au Palace, pas du tout à sa place, accablé par le bruit, mais curieux, poli ; Roland au piano,
dans le petit appartement du deuxième, rue Servandoni, simple, monacal ; Roland à la sortie du théâtre
Récamier, regardant la caméra de côté ; Roland oisif,
désœuvré, au milieu de son cours au Collège de France,
les yeux en l'air, attendant que les auditeurs aient fini
de retourner leur microcassette, se demandant ce qu'il
fait là.

Ce sont surtout des livres, des livres que j'aime, des
livres que j'aime moins, des livres que je chéris, comme
son autoportrait miniature publié tandis que j'assistais

à son séminaire, ces figures du discours amoureux dont j'ai suivi la rédaction, cet essai sur la photographie qui est à mes yeux son vrai roman, et quelques publications posthumes comme son journal de deuil où pourtant je ne joue pas le beau rôle par mes reparties trop raisonnables. Demain, je déposerai mes lettres de Roland à la Bibliothèque nationale.

Composition : PCA/CMB Graphic (44)
Impression : CPI Firmin-Didot
à Mesnil-sur-l'Estrée, le 17 septembre 2015
Dépôt légal : septembre 2015
Numéro d'imprimeur : 130599

ISBN : 978-2-07-010721-6/Imprimé en France.

291139